抖音短视频实务

Tik Tok Short Video Practice

主　编　钟新玉

副主编　蓝思华　饶钦司

厦门大学出版社
XIAMEN UNIVERSITY PRESS
国家一级出版社
全国百佳图书出版单位

图书在版编目（CIP）数据

抖音短视频实务 / 钟新玉主编 ；蓝思华，饶钦司副主编. -- 厦门 ：厦门大学出版社，2023.1

（抖音运营指南）

ISBN 978-7-5615-8908-3

Ⅰ. ①抖… Ⅱ. ①钟… ②蓝… ③饶… Ⅲ. ①网络营销 Ⅳ. ①F713.365.2

中国版本图书馆CIP数据核字(2022)第240822号

出 版 人 郑文礼
责任编辑 江珏玙
美术编辑 李嘉彬
技术编辑 朱 楷

出版发行 厦门大学出版社
社 址 厦门市软件园二期望海路 39 号
邮政编码 361008
总 编 办 0592-2182177 0592-2181253(传真)
营销中心 0592-2184458 0592-2181365
网 址 http://www.xmupress.com
邮 箱 xmupress@126.com
印 刷 厦门市竞成印刷有限公司

开本 787 mm×1 092 mm 1/16
印张 11.25
字数 267 千字
版次 2023 年 1 月第 1 版
印次 2023 年 1 月第 1 次印刷
定价 40.00 元

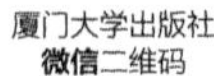

厦门大学出版社
微信二维码

厦门大学出版社
微博二维码

前　言

2017 年党的十九大要求完善职业教育和培训体系，深化产教融合，形成校企命运共同体。2019 年，国务院印发《国家职业教育改革实施方案》（职教 20 条）引领职业教育进入新的发展阶段，强调推动产教深度融合。党的二十大报告更是指出，要统筹职业教育、高等教育、继续教育协同创新，推进职普融合、产教融合、科教融汇，优化职业教育类型定位，再次明确了职业教育的发展方向。本教材就是在"抖音数字经济产业学院"建立的背景下，在企业项目导师制教学的框架下，编写的适应现代学徒制特色的教材。

随着 5G 时代的到来，新媒体短视频异军突起，短视频传播呈现轻量化的发展趋势，创作内容更加多样化，覆盖了各行各业，创作的形式更加新颖，创作的门槛降低。生活节奏的不断加快，使得人们习惯于接收短平快的信息，短视频因其观点鲜明、指向性强、易于理解的特点为大众所喜爱，成为人们茶余饭后消遣的主流方式。

本教材基于抖音平台，涵盖了短视频账号定位、短视频制作与运营等方面的内容，全书由七个项目、29 个任务组成，可以帮助学生快速、直观、深入地掌握短视频团队建立、账号定位、文案编辑、短视频拍摄与剪辑、数据分析及后期变现等整个流程。通过企业导师学徒式的带领，提升学生的适岗能力，让学生在学习时就知道自己将来要从事什么岗位，也让学生最大限度地了解企业，明确企业具体的工作需求，为学生走向工作岗位的角色转换起到正确的指导作用。本教材面向电子商务、网络营销等新媒体的学徒岗位，适用于高职电子商务专业和网络营销专业。

本教材由钟新玉担任主编，负责全书的整体设计和统稿，并组织具有丰富经验的专业教师和企业导师共同编写。具体编写分工如下：项目一由郭夏阳编写，项目二由蓝思华编写，项目三由钟新玉编写，项目四由陈玉章编写，项目五由饶钦司和陈淑玲编写，项目六由赖春星编写，项目七由袁秀珍编写。

本教材在编写过程中，得到了抖音数字经济产业学院的丁琦、林杭芪、桂鑫、李薇四位企业导师的大力支持，以及厦门大学出版社的精心指导和大力支持。在此，对各位专家、老师的辛勤工作表示由衷的感谢！

由于编者水平有限，加上时间仓促，书中难免存在疏漏和不足之处，恳请各位专家、广大读者批评指正并提出宝贵意见，以便今后进一步修订完善。

编　者

2022 年 11 月

目 录

Project
One

项目一　抖音账号团队建设

课程思政

通过抖音账号团队建设项目的学习，让学生了解到工作岗位的概念，选择适合自己的岗位，发挥自己的创新能力。并认识到自己是团队的一员，要想在团队中获得成长，首先要充分发挥自己的潜能，尽全力做好自己的工作；其次要加强团队合作，使团队具有凝聚力和爆发力；再次，要学会换位思考，为他人着想，多一份关心和理解，融入团体工作中。

做短视频一般都需要专业的团队合作，如果一个人把所有的工作都做完，那会非常辛苦，当然效率也会稍微慢一些，最重要的是很难坚持，因此组建一个团队势在必行。那么，组建团队需要什么样的人员配置呢？需要编导策划、拍摄、后期剪辑、灯光、收音等，这样才能高效有序地完成短视频的拍摄和后期的运营工作。在组建团队之前，我们先进行能力兴趣测试，让团队成员更加了解自己。

任务一　账号团队组建

任务目标

1.霍兰德兴趣测试。

2.霍兰德职业能力测试。

3.通过测试，结合自己的能力选择对应岗位。

任务概述

1. 结合抖音需要的各个岗位，对其进行入职培训课程，帮助队员了解、认同组织的愿景、使命、价值观、历史、文化及其内涵。

2. 通过有针对性的拓展活动，认识自我并进行在抖音团队的自我角色定位。

任务实施

一、霍兰德职业兴趣测试与岗位选择

霍兰德在几十年间经过一百多次大规模的实验研究，形成了人格类型与职业类型的学说和测验。该测验能帮助被试者发现和确定自己的职业兴趣和能力专长，从而科学地进行择业求职。霍兰德在其一系列关于人格与职业关系的假设的基础上，提出了六种基本的职业类型，即：实用型、研究型、艺术型、社会型、企业型、事务型。

（一）霍兰德职业兴趣测试概述

假设你正在驾驶一架飞机横跨太平洋，忽然飞机的引擎冒烟，飞机快要坠毁了，按照国际环保条约，15 秒后飞机就会自动爆炸以免产生废物。此时，你只能选择跳伞，跳伞后可能你一辈子也不会碰上有船把你救走，你要选择一个岛屿生活一辈子。

你看了看地图，有六个岛屿，如图 1-1 所示。

图 1-1　兴趣岛

A 岛——“美丽浪漫岛”

这个岛上到处是美术馆、音乐厅，弥漫着浓厚的艺术文化气息，岛民们热爱传统的舞蹈、音乐与绘画。许多文艺界人士都喜欢来这里开沙龙或派对以寻找灵感。

C 岛——“现代井然岛”

这个岛上处处耸立着现代建筑，是一个进步的、都市形态的岛屿，岛上的户政管理、地政管理及金融管理都十分完善。岛民们个性冷静保守，处事有条不紊，善于组织规划。

E 岛——“显赫富庶岛”

该岛经济高度发展，处处都是高级饭店、俱乐部、高尔夫球场。岛民性格热情豪爽，善于经营企业和开展贸易活动。岛上往来者多是企业家、经理人、政治家、律师等等，这些商

界名流在岛上享受着高品质的生活。

I 岛——“深思冥想岛”

这个岛绿野平畴、人少僻静，适合夜观星象。岛上有很多天文馆、科技博物馆、科学图书馆。岛民们最喜欢待在自己的小房子里，天天钻研学问、沉思冥想、探究真知。哲学家、科学家和心理学家们在这里讨论学术、交流思想。

R 岛——“自然原始岛”

这是个自然生态优良的绿色之岛。岛上不仅保留有热带雨林等原始生态系统，而且建立了相当规模的植物园、动物园、水族馆。岛民以手工制造见长，他们自己种植花果、栽培蔬菜、修缮房屋、打造器物、制作工具。

S 岛——“友善亲切岛”

这个岛上的人们都性情温和、乐于助人，十分友善，到处都充满了温馨和谐的气息。岛民们和睦相处、互助合作，处处充满人文关怀。

如果你必须在 6 个岛之中的一个岛上生活一辈子，成为岛民中的一员，请回答以下问题：

1.你的第一选择是哪个岛？

2.你的第二选择是哪个岛？

3.你的第三选择是哪个岛？

4.你最不愿意选择的是哪个岛？

选好之后，依次记下四个问题的答案。

这六个岛事实上分别代表了六种职业类型，它们的描述以及矛盾关系如下：

A 岛：艺术型（artistic） VS. C 岛：事务型（conventional）

E 岛：企业型（enterprising） VS. I 岛：研究型（investigative）

R 岛：实用型（realistic） VS. S 岛：社会型（social）

问题 1 的答案体现了你最显著的职业性格特征、最喜欢的活动类型以及最喜欢（很可能是最适合）的大致职业范围。反之，问题 4 的答案则是你最不喜欢的活动等等。

A 岛——艺术型（artistic）

总体特征：该类型属于理想主义者，具有独创的思维方式和丰富的想象力，直觉强烈，感情丰富。

喜欢的活动：创造和自我表达类型的活动，如音乐、美术、写作、戏剧。

喜欢的职业：总体来讲，喜欢“非精细管理的创意”类和创造类的工作，如音乐家、作曲家、乐队指挥、美术家、漫画家、作家、诗人、舞蹈家、演员、戏剧导演、广告设计师、室内装潢设计师。

C 岛——事务型（conventional）

总体特征：追求秩序感，自我抑制，顺从，防卫心理强，追求实际，回避创造性活动。

喜欢的活动：固定的、有秩序的活动，如组织和处理数据等；愿意在一个大的机构中处于从属地位，并希望确切知道工作的要求和标准。

喜欢的职业：总体来讲，喜欢有清楚规范和要求、按部就班、精打细算、追求效率的工作，如秘书、办公人员、税务专家、会计师、银行出纳、簿记、行政助理、档案文书、计算机操作员等。

E岛——企业型(enterprising)

总体特征：为人乐观，喜欢冒险，行事冲动，对自己充满自信，精力旺盛，喜好发表意见和见解。

喜欢的活动：喜欢领导和影响别人，或为达到个人或组织的目的而说服别人，成就一番事业。

喜欢的职业：总体来讲，喜欢那种需要运用领导能力、人际能力、说服能力来达成组织目标的职业，如商业管理者、市场或销售经理、营销人员、采购员、投资商、电视制片人、保险代理、政治运动领袖、公关人员、律师等。

I岛——研究型(investigative)

总体特征：自主独立，好奇心强烈，敏感，慎重，重视分析与内省，爱好抽象推理等智力活动。

喜欢的活动：喜欢独立的活动，比如独自去探索、研究、理解、思考那些需要严谨分析的抽象问题，独自处理一些信息、观点及理论。

喜欢的职业：总体来讲，喜欢以观察、学习、探索、分析、评估或解决问题为主要内容的工作，如实验室工作人员、物理学家、化学家、生物学家、工程师、程序设计员、社会学家等。

R岛——实用型(realistic)

总体特征：个性平和稳重，看重物质，追求实际效果，喜欢实际动手进行操作实践。

喜欢的活动：愿意从事事务性活动，如户外劳作或操作机器，而不喜欢待在办公室里。

喜欢的职业：总体来讲，喜欢与户外、动植物、实物、工具、机器打交道的工作内容，如农业、林业、渔业、野外生活管理业、制造业、机械业、技术贸易业、特种工程师、军事工作等。

S岛——社会型(social)

总体特征：洞察力强，乐于助人，善于合作，重视友谊，热情关心他人的幸福，有强烈的社会责任感，总是关心自己的工作能对他人及社会做多大贡献。

喜欢的活动：喜欢与别人合作的活动，帮助别人解决困难。

喜欢的职业：总体来讲，喜欢帮助、支持、教导类工作，如牧师、心理咨询师、社会工作者、教师、辅导员、医护人员、其他各种服务性行业人员。

(二)霍兰德职业兴趣测试分析

霍兰德职业兴趣测试地址为：

https://open.xjy.cn/main/ceping51?reset=1&auth=8e5709f813859cb32009f64d5f18a682。

测试者X的测试结果，如表1-1所示。请观察分数结果，找到每一部分得分最高的三个代码。

(1)对比兴趣和能力部分，每个字母得分的不同；

(2)分辨：兴趣和能力相一致的字母和不一致的字母；

(3)请思考对这个结果的感受。

表 1-1 霍兰德职业兴趣测试结果

类型	R	I	A	S	E	C
兴趣	2	2	6	6	7	2
能力	1	7	2	5	6	3
职业	3	5	3	4	5	2
总分	6	14	11	15	18	7

结果分析：从表 1-1 我们可以看到，测试者 X 的最高分为 18 和 15，所以测试者 X 适合的职业类型为 E 和 S，其兴趣和能力都得到了比较高的分数。测试者 X 也能胜任类型 I 的工作，但 I 不是他的兴趣所在，比如他可以胜任电脑程序设计的工作，但不是他的爱好；他喜欢从事 A 类型的工作，比如他爱唱歌，但是他又不擅长唱歌，五音不全。

1.霍兰德职业类型对应新媒体工作的岗位

霍兰德职业兴趣测试结果在新媒体工作中也有对应的岗位，如图 1-2 所示。

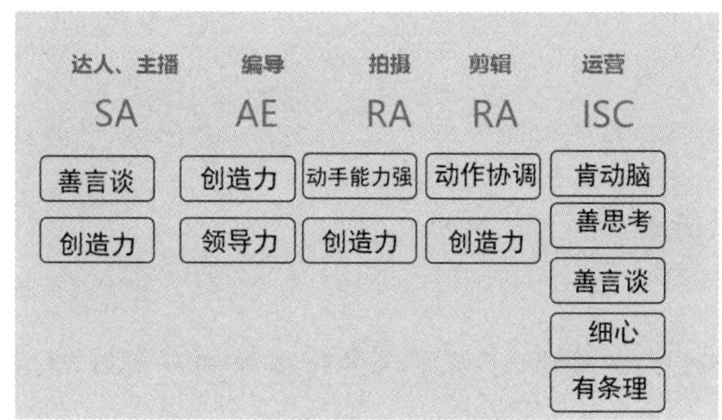

图 1-2 霍兰德职业类型与岗位分析

达人和主播，需要善言谈和语言感染力比较强的人，适合职业类型为 A 和 S 的人。编导需要创造力和领导力比较强的人，对应的职业类型为 A 和 E 的人。拍摄和剪辑人员需要创造力和动手能力强的人，对应职业类型为 A 和 R 的人。运营需要综合能力比较强的人，对应的职业类型为 I、S 和 C 的人。

任务评价

每位同学都进行霍兰德职业类型和兴趣测试，并得出自己的兴趣和类型，如表 1-2 所示。

表 1-2 霍兰德职业类型和兴趣测试

类型	R	I	A	S	E	C
兴趣						
能力						
职业						
总分						

知识链接

1.分析自己的兴趣和能力。

2.初步选择自己的职业意向。

任务二　短视频团队岗位

任务目标

通过了解短视频团队的各种岗位分工，能根据自己团队的实际需要和人员配置，组建短视频团队，让队员各司其职，了解自己的工作任务和职责。

任务概述

了解短视频团队的各种分工，以及各个岗位对应的工作要求和工作职责，队员领取各自的工作任务。

任务实施

一、岗位的职责描述

岗位一：编导

1.了解各自媒体平台的规则，了解平台的特征及用户喜好，策划出吸引粉丝的短视频内容；

2.负责短视频内容脚本创意、撰写以及分镜头设计；

3.掌握拍摄技巧、剪辑技巧，善于发现短视频平台的热门剪辑方法和背景音乐；

4.现场指导拍摄，把控镜头画面，调动现场执行人员，确保高效完成脚本创意；

5.高效撰写脚本，根据脚本配合后期人员完成视频剪辑，把控成片质量。

岗位二：运营商务

短视频运营岗位要求从业者是各视频平台的深度用户，有较好的创意和较强的分析能力，熟悉网络传播理论知识，其岗位职责有：

1.负责短视频账号的日常运营，高效产出目标用户喜欢的热点视频内容，提高用户的关注度和黏度；

2.负责平台的短视频上传及发布，对各平台运营数据进行监控，并进行相应的数据分析；

3.参与短视频的内容策划、素材搜集、标题拟定等生产环节；

4.挖掘用户习惯、情感需求，并结合新闻热点策划出具有较高传播度的视频内容。

岗位三：出镜主播

1.负责出镜拍短视频，配合脚本表现主角情感、剧情，突出个人特征；

2.具备一定的主播能力，后期孵化的IP账号需要不定期安排直播或线下沙龙；

3.洞察力强，每日追踪并收藏抖音上的热门视频，准确捕捉其亮点；

3.对剧本或文案有较强的理解能力，能利用个人特点创造出与之相符的人设及角色，结合网络热点产出爆点内容。

岗位四：拍摄

1.熟悉摄影的基本知识，熟练掌握各种运镜方法，负责拍摄素材整理；

2.熟悉摄影器材的使用，能独立完成分镜头设计，有一定的拍摄经验，具备审美能力；

3.负责运营账号日常的拍摄工作，独立完成短视频的拍摄；

4.熟悉单反相机、手机等拍摄器材的使用。

岗位五：剪辑

1. 熟悉各种剪辑软件的使用，负责短视频后期剪辑工作；

2. 参与公司产品及其他短视频平台内容的脚本策划；

4. 能参与完成分镜头设计，短视频剪辑、字幕、音效、画面处理等后期工作；

5. 语言表达能力优秀，能和模特或拍摄角色进行沟通交流以达成拍摄效果和配音效果。

二、抖音团队组成

要做好一个抖音账号，需要组建一个什么样的团队？组成这个抖音短视频运营团队需要几个人？

根据运营账号的数量和精细化程度，一般一个抖音运营团队的人员规模在4～8人，具体人员组成和分工如表1-3所示。

表1-3　抖音团队分工

<table>
<tr><th>高配</th><th>中配</th><th>低配</th></tr>
<tr><td>编导</td><td rowspan="3">内容运营</td><td rowspan="8">自编自导自演的达人</td></tr>
<tr><td>道具灯光师</td></tr>
<tr><td>运营商务</td></tr>
<tr><td>出镜主播</td><td rowspan="3">出镜演员（多人）</td></tr>
<tr><td>化妆师</td></tr>
<tr><td>配音</td></tr>
<tr><td>摄影</td><td rowspan="2">视频制作</td></tr>
<tr><td>后期剪辑</td></tr>
</table>

在短视频运营团队里，队员可以根据自己的特长和兴趣，认领自己的岗位。主要岗位有：脚本编剧、运营商务、出镜主播、拍摄、剪辑等。

知识链接

1. 根据短视频对应的岗位要求，结合个人的特长和兴趣，罗列自己的技能，如表1-4所示。

表 1-4　岗位分析表

岗位	岗位能力	学生特长	分值	学生得分
编导	短视频脚本撰写能力：能结合视频播放平台、视频风格调性、出镜画面元素、视频内容目的等因素撰写视频脚本，完成重要分镜头的画面设计。			
运营商务	账号运营能力：能基于不同平台特性，创建新媒体账号，保持对账号的稳定更新频率，关注账号数据效果的正向提升。			
出镜主播	有颜值特长或表演特长，喜欢出镜。			
拍摄	拍摄场景搭建能力：熟悉视频拍摄及直播间的相关主流器材与制作软件，能完成设备调试，能够根据行业特点和业务需求，灵活搭建直播场景及视频拍摄场景。			
剪辑	视频后期制作能力：熟练掌握视频剪辑软件和制作软件，包括 Pr、FCP、AE、剪映等视频剪辑软件，完成视频的剪辑、渲染等后期工作。			

2. 确定自己在团队中的位置。

任务三　抖音团队建设

任务目标

1. 明确团队建设的意义。
2. 熟练掌握拓展训练的实施步骤。
3. 熟练掌握几种常规的拓展训练项目开展方法。

任务概述

1. 培养抖音团队合作精神和协作意识，自觉产生团队行为。

2. 学习、掌握新人的七项职业化训练：迎接挑战、目标管理、团队协作、高效沟通、卓越执行、创新制胜、职业素质。按照职业人的能力和素质塑造组织需要的合格职业人。

任务实施

一、团队建设意义

（一）对抖音团队的意义

1. 进一步明确和认同团队目标，增强组织的凝聚力。
2. 树立相互配合、互相支持的团队精神和整体意识。
3. 改善人际关系，形成积极向上的组织氛围。
4. 改进组织内部的沟通与信息交流氛围。

（二）对参训队员（员工）的意义

1. 认知自身潜能，增强自信心，改善自身形象。

2. 克服惰性心理，磨炼战胜困难的毅力。

3. 启发想象与创造力，提升解决问题的能力。

4. 认知团队的作用，增强集体责任感和参与意识。

5. 改善人际关系，学会关心他人，融洽地与群体合作。

6. 学习、欣赏和关注大自然。

二、团队建设实施

团队建设从人员建设、文化建设和自我塑造三个方面开展。团队精神是团队建设的核心，有助于强化竞争意识，营造团队精神。

（一）人员建设

“没有完美的个人，只有完美的团队。”只有组建合作的团队，才能创造团队目标。我们可以从霍兰德职业兴趣测试得到每位成员的职业倾向，然后填写表格，如表1-5所示。

表1-5　队员分工表

第一组（队名）			
姓名	专业	分工	电话
		编导	
		运营	
		主播	
		拍摄	
		剪辑	

我们要在团队中推举一名成员当队长，队长最好是综合能力、协调能力比较强的成员，当团队成员之间有意见分歧的时候，队长可以从中协调解决问题。队长要在表格中做上标记。

特别强调，队员中谁出镜，最好就用谁的抖音号，可以避免后期的很多纠纷。如果后期团队有人退出，只要出镜主播在，团队账号就稳定。

（二）文化建设

任何一个企业都有自己的企业文化，任何一个团队也要有自己的团队文化。文化是一个团队的灵魂，没有文化的团队就没有生命力，也缺乏活力和凝聚力。

团队的成员都是来自五湖四海，有不同的专业背景，不同的人生经历，不同的专长，不同的优势，队长要善于发挥每个成员的聪明才智，让团队高效地执行每个人难以单独完成的任务。团队建立后，设计队名、队标、队歌、口号、愿景……这些都是需要去做的，以塑造团队成员价值观、道德观、世界观的统一。人在一起不叫好团队，心在一起才叫好团队。

（三）自我塑造

团队成员必须有团队的共同目标，但也会有自己的个人愿景，一个好的团队是可以让个人得到成长的团队。

团队成员会选择自己的岗位，要么是能力倾向，要么是兴趣所在。无论选择岗位的原因是什么，每个人都有义务在各自的岗位上进行深造，挖掘自己的能力，胜任岗位的工作。

1.编导。编导的能力提升包括：短视频脚本撰写能力，能结合视频播放平台、视频风格调性、出镜画面元素、视频内容目的等因素撰写视频脚本、完成重要分镜头的画面设计。

2.运营。运营就是运营账号，能够基于不同平台特性，保持账号稳定的更新频率，关注账号数据效果的正向提升。

3.拍摄剪辑人员。拍摄剪辑人员要熟练掌握视频剪辑软件和制作软件，包括Pr、剪映等视频剪辑软件，完成视频的剪辑、渲染、配音等后期工作。

4.出镜主播。出镜演员要能够根据编导脚本中的角色需要，完美塑造短视频人物的形象和性格特点，后期还能胜任主播的角色，完成带货直播，实现变现。

三、拓展训练类别

为了熟悉团队成员，我们还可以设计一些游戏来提高团队的凝聚力。每个团队的队长就是老师的助教，拍摄剪辑人员负责拍摄任务。

（一）项目介绍

1. 高空项目：天梯、天使之手、合力过桥、空中抓杆、断桥、高空平衡木、高空“V”走、攀岩。

2. 地面项目：冲出亚马孙、团队梅花桩、穿越“电网”、过河拆桥、泰山绳、信任背摔、求生墙、地雷阵、合力轮胎、拆除核弹、孤岛求生、风雨人生路、牵手、有轨电车、管道接力等。

3. 水上项目：抢滩登陆、水上拔河、水车、强渡大渡河、各种水上障碍设施等。

4. 室内项目：杯子舞、领袖风采、七巧板、风雨同舟等。

5. 野战项目：攻坚战、游击战、人质营救、间谍战等。

6. 生存训练：各种野外拉练、野外生存训练和定向越野活动等。

7. 集体项目：大风吹、大脚霸、合力运水、呼啦圈、冰岛求生、盲人摸号等。

8. 热身项目：人浪、进化论、解人结、怪兽过河、鸡蛋会飞、塞车、声控机械人、兔子舞、火山爆发前、同心竹、夜行等。

（二）拓展训练流程

组成环节拓展训练的体验式学习方式，由既独立又密切关联的五个环节组成。

1.体验。这是拓展训练过程的开端，参训者参与一项活动，并以观察、表达和行动的形式进行。这种初始的体验是整个过程的基础。

2.分享。有了体验以后，很重要的一点就是，参训者要与其他体验过或观察过相同活动的人分享他们的感受或观察结果。

3.交流。分享个人的感受只是第一步，关键是把这些分享的东西结合起来，与其他参训者探讨、交流以及反映自己的内在生活模式。

4.整合。按逻辑的程序，下一步是要从经历中总结出原则或归纳、提取出精华，并用某种方式去整合，以帮助参训者进一步定义和认清体验中得出的成果。

5.应用。最后一步是策划如何将这些体验应用在工作及生活中，而应用本身也成为一种体验；有了新的体验，循环又开始了，因此参训者可以不断进步。

校园拓展训练的形式可以根据团队建设实际需要做个性化设计，以闽西职业技术学院某专业为例所做的拓展训练的流程如下：

导入（教师）—体验（学生）—分享（学生）—小结（教师）—再体验（学生）—再分享（学生）—再小结（教师）—感悟（学生）—总结（教师）。

（三）拓展训练实施

1.人员配备

本次户外拓展训练配备教师 4 名（培训师 1 名，教练数名），全面组织和指导实训过程，培训师主要负责整个实训的培训，教练主要负责后勤（考勤、安全、秩序、摄像、道具和卫生）的管理与维护，同时对学员实训完成的工作量和质量给予监督、考核和评分。

2.训练地点

校园操场、球场、拓展训练基地等。

3.进度安排

拓展训练进度安排的范例如表 1-6 所示。

表 1-6　拓展训练进度安排表

时间		活动内容	活动形式	活动要求		
				体力	心理	智力
第一天	上午	项目介绍、游戏说明、训练注意事项声明、制作个人名牌	集体 个人			
		活动科目：时间管理	集体	中	中	中
		项目分组：选出队长、政委、安全员、卫生员各 1 名，制定二字队名、八字队呼，制作队旗，选队歌（注：摄像员轮值）	集体			
		破冰：喊队呼、唱队歌				
	下午	任务布置、小队分工、道具准备	集体			
第二天	上午	团队热身：激情节拍	分队			
		活动科目：腾空翻杠	个人	较高	较高	中
		活动科目：珠行万里	分队	中	较高	中
	下午	团队热身：阿水的故事	集体			
		活动科目：同起同坐	分队	较高	中	中
		活动科目：铁甲战车	分队	中	中	较高

续表

时间		活动内容	活动形式	活动要求		
				体力	心理	智力
第三天	上午	团队热身:兔子舞	集体			
		活动科目:同心杆	分队	中	中	较高
		活动科目:疾风劲草	分队	较高	较高	中
		活动科目:圆球游戏	分队	中	中	较高
	下午	团队热身:射雕英雄传	分队			
		活动科目:五体投地	分队	中	中	较高
		活动科目:群龙取水	分队	较高	较高	中
第四天	上午	团队热身:勇担责任	分队			
		活动科目:驿站传书	分队	中	中	较高
		活动科目:疯狂设计	分队	中	中	较高
	下午	搜集资料	个人			
		撰写拓展训练报告	个人			
		感悟	分队			
		总结	教师			

4.道具准备

拓展训练道具根据前期设计的活动项目按实际需要准备,如表 1-7 所示。

表 1-7　拓展训练道具清单

道具清单	
1	横幅 3 条(2 条口号:“挑战自我、熔炼团队、激发潜能、共创辉煌”,“打造鹰一样的个人、狼一样的团队”;1 条名称:“ＸＸ学院拓展训练”,均带尼龙绳)。
2	A4 纸 60 张,水笔培训师和教练每人 1 支(和团队合用),讲义夹,剪刀 6 把,彩笔 6 盒。
3	胸牌 70 个(已购)、排球 6 个。
4	圆形球槽 12 根、水桶 1 个,玻璃珠 1 颗。
5	报纸 100 张,胶水 6 瓶,透明胶 6 卷(大卷)。
6	兔子舞曲一首,迪斯科曲若干首,其他曲目若干(需下载好),音箱 1 台,无线话筒 1 支,矿泉水 1 箱以上。

(四)训练考核

训练考核分为过程考核与结果考核,由培训师和教练根据实际需要设定相应的权重进行综合评价。其中过程考核由培训师、教练和团队成员共同评分确定,结果考核由培训师和教练根据各小组资料提交情况和汇报(感悟)结果评分确定。拓展训练成绩评定标准建议按五级制进行评分:优等(90 分～100 分),良好(80 分～89 分),中等(70 分～79 分),及格(60 分～69 分),不及格(60 分以下)。

1. 过程考核参考标准：

(1)在拓展训练中，遵守校规和训练制度，按照操作规程开展拓展训练。

(2)在拓展训练期间，未擅自离开所在小组单独活动。

(3)在拓展训练中，爱护各项设施以及周围环境。

(4)不迟到，不早退，不旷训。每队队长负责每日考勤(包括签到、签退)。若有弄虚作假、欺骗教练的，整队训练成绩不合格。

(5)积极参与拓展训练项目活动开展，真诚友好、乐于助人。

2. 结果考核参考标准：

拓展训练结束当日，以小组为单位制作 PPT 在固定场所进行感悟式汇报。拓展训练结束一周内个人上交“拓展训练报告”(见表 1-8)作为结果考核成绩评定的重要依据。逾期不交者，视为课程考核不合格。此外，上交报告如有雷同者，或叙述混乱，捏造、歪曲事实，错误明显的，课程考核不合格。

表 1-8　××学院“拓展训练报告”模板

专　业	班　级	队　名	姓　名	学　号
问题 1	本次训练你印象最深的三件事和感受是什么？			
回答 1				
问题 2	本次训练你最难忘的三个科目和体会是什么？			
回答 2				
问题 3	本次训练最让你感动的三个人是谁，为什么？			
回答 3				
问题 4	通过本次训练，你发现自己有哪些优缺点？			
回答 4				
问题 5	工作中，你是否清楚自己的角色和任务，你对团队的贡献在哪里，是否给团队造成了一定的负面影响(请举例说明)，今后的改进措施和方案是什么？			
回答 5				

五、拓展训练项目(范例)

(一)激情节拍

1. 项目介绍：

所有参加拓展的队员围成一个向心圆，记住“队名＋我们是最棒的团队”这句话，先喊第一个字的同时拍一次掌，然后分开双手同时拍一下左边队员的肩膀后立刻拍右边队员的肩膀，完成后开始喊两个字，同时拍两次掌，然后分开双手同时拍两下左边队员的肩膀和右边队员的肩膀，以此类推从 1 个字到最后一个字按规则喊完和拍完，拍完最后一下，全体队员比出“V”形手势并跳起大喊“Yeah”，要求在 30 秒以内完成。学员们在进行这个拓展项目的时候会因为时间紧迫而激情高涨。

这个拓展项目可以体会到一个简单的成功经验："复杂的事情简单做，简单的事情重复做。""复杂的事情简单做"寓意做事讲究高效，如果不能把一个事情简化，那么也就不可能高效；"简单的事情重复做"寓意做事要有积累，只有在某一领域里面不断地打拼积累才能获得成功。最重要的是要团队一心，共同排除万难，这样成功一定就在眼前。

队员根据培训师的指定口令，以鼓掌的方式在最短的时间内完成。

2. 培训目标：

(1)诠释团队合作与协调的重要性；

(2)感受组织中领导的重要性；

(3)鼓励创造性和探索精神；

(4)运用合理的判断及时进行决策；

(5)提升团队和个人的效益和效率。

(二)珠行万里

1. 项目介绍：

整个团队每个队员手拿一根半圆形的球槽，将球连续传动(滚动)到下一个队员的球槽中，并迅速地排到队伍的末端，继续传送前方队员传来的球，直到球安全地到达指定的目的地为止。所有队员一字排开，手持接力棒，在保证圆球不掉落的情况下从培训师指定的位置运球到达终点。

2. 培训目标：

感受团队间有效的配合、衔接以及自我控制能力，为共同的目的以及团队的责任感做好每一个环节。本项目需要有良好的工作心态和勇于接受挑战的精神才能顺利完成，充分体现团队的领导力、沟通协调能力、工作的计划与严谨性、时间与效率的控制、资源的有效利用，及具备在规定时间内调动各种资源解决问题的能力。

3. 项目道具：圆球、球槽、圆桶。

(三)阿水的故事

1. 项目介绍：

所有队员围成一个圈，所有人都将自己右手的食指放在右侧，并且要与肩部水平，朝上，左手放在相邻的队员的食指上，然后培训师开始讲"阿水的故事"，当队员听到培训师讲到一个"水"字时，队员的左手去抓相邻的队员的右手食指，左手迅速逃开，被抓到的队员要站到中间围成一个小圆圈。再用同样的方法进行下去……如果中间的队员既没有被别人抓到，又抓住了别人的话，那么他就回到原来那个圆圈，依此进行……故事结束的时候，中间的人就表演一个节目。项目进行过程中任何人都不能讲话，任何人都必须把手放在规定的位置。其中培训师讲故事，若干名教练在旁协助。

2. 培训目标：

(1)突破思维定式，打破常规；

(2)增强训练的趣味性；

(3)提高成员的反应能力和注意力。

(四)同起同坐

1. 项目介绍:

各队成员全部手挽手,肩并肩,背靠背,并在此状态下同时站起和坐下。用时最长的一队接受惩罚。

2. 培训目标:

培养队员的团队协作能力、配合默契能力、心灵感应能力等等。

(五)铁甲战车

1. 项目介绍:

团队所有成员利用指定道具制作一条可以容纳所有队员的大型履带,然后全体队员同时站在履带内部统一行进,在履带不断裂的情况下通过指定距离。道具只有报纸、小剪刀和胶布,在规定的时间内完成运载履带的制作,并通过履带把所有人员转移到安全地带。时间紧迫,人员的分工协作,资源整合、监督、激励机制等对完成任务是必不可少的。队员通过一起参与,共同配合、亲手制作履带,体验成功的喜悦。

2. 培训目标:

让队员体会团队合作解决问题、计划与协调,培养队员的团队合作精神,理解质量与速度的内在联系;改善沟通技巧,学习运用多种沟通方式交流;主动沟通,达到最佳沟通效果;学会正确地衡量问题的难易程度,寻求解决问题的方法。

(六)同心杆

1. 项目介绍:

每队准备一根同心杆,由两位教练监督。让各队队员站成相对的两列,队员都单手水平地伸出手指,统一到胸口的高度。将同心杆放在每个人的食指上,必须保证每个人食指都接触到同心杆,并且手指都在同心杆的下面。要求小队成员合作让同心杆保持水平,必须保证每个人的手都在同心杆下面的情况下,将同心杆完全水平地从眉毛位置往膝盖下移动。一旦有队员的手离开同心杆或者没有水平往下移动,任务就算失败了。

2. 培训目标:

(1)当确定一个目标的时候,团队就只能有一个声音,所有的团队队员都必须信任和尊重自己的领导者。

(2)明确分工,在团队里,做好自己负责的工作内容,明确自己的职责。

(3)重视团队的力量,正视自己的能力,哪怕再简单的事情,如果团队不合作,一样不能取得成功。

3. 项目道具:4 根轻质棍(PVC 管),每根 2.5 米长。

(七)疾风劲草

1. 项目介绍:

培训师让每队成员围成一个向心圆,自己站在中央示范,其双手绕在胸前,作出以下的沟通对话,培训师:“我叫……(自己的名字),我准备好了,你们准备好了没有?”全体学员回答:“准备好了!”培训师:“我倒了?”全体学员回答:“倒吧!”这时培训师整个身体完全倒在团队成员的手中,团队成员把培训师顺时针推动两圈。在培训师做完示范之后,小队的每位成员都来试一试。

2. 培训目标：

帮助学员体会信任的建立，信任取决于自己对团队成员的信心，相互之间的沟通是树立这种信心的基础，一旦信任完全建立，你会感觉到团队的工作气氛是那么轻松愉快。

(八)圆球游戏

1. 项目介绍：

每队分别配一个球，要求将球从发起者手里发出，最后回到发起者手里。在传递过程中，每个人都必须触及球，所需时间最少的获胜，球掉在地上一次额外加 10 秒。

2. 培训目标：

发挥团队智慧，集合团队创意，鼓励创新精神。

(九)五体投地

1. 项目介绍：

所有人员围成一圈，主持人站在圈的最中间，所有人必须面朝培训师；首先告诉大家，每个人的身体中双脚、双膝、双肘、双掌、额头共 9 个部位，当每个部位与地面接触即代表一个点数；然后培训师任意给出一个数字，每队 3 人需要凑足培训师给出的点数。

2. 培训目标：

带动气氛，调动干劲，提高积极性，加强团队成员之间的协作能力。

(十)群龙取水

1. 项目介绍：

在距离为 1.8 米的线外放置 1 瓶矿泉水，在规定的时间内不踩线取回矿泉水。在取回的过程中，水瓶倒下即算任务失败。要求每队每人各取 1 次。

项目规则如下：

(1)任何人的肢体、衣裤等物品不得触碰地面，若取水的过程中接触地面，水源将推后 20 厘米；

(3)团队成员每人只能取一次，违规者罚俯卧撑 10 个给予一次机会；

(3)开始前决策时间 5 分钟，练习时间为 10 分钟。

2. 培训目标：

(1)开拓队员思路，提高队员创新意识；

(2)让队员了解到任何创新都会受到资源的限制，不能天马行空；

(3)提高团队协作，使队员认识到统一指挥的意义与重要作用；

(4)活跃集体气氛，增加团队凝聚力。

(十一)勇担责任

1. 项目介绍：

队员站成一排，培训师喊“一”时，向右转；喊“二”时，向左转；喊“三”时，向后转；喊“四”时，向前跨一步；喊“五”时，不动。当有人做错时，做错的人要走出队列，站到大家面前先鞠一躬，举起右手高声说：“对不起，我错了！”

2. 培训目标：

面对错误，克服心理障碍，勇于承认自己的错误，培养责任心。

(十二)驿站传书

1. 项目介绍：

全体队员排成一列，每个人相当于一个驿站，培训师会把一个带有 4 位数以内的数字信息卡片交到最后一位队员的手中，队员们要利用聪明才智把这个数字信息传到最前面的队员手中，最前面的队员收到信息时要迅速举手，并把信息写在纸片上交给最前面的培训师。比赛总共会进行四轮，在信息传递的过程当中会有一些规则来约束。

第一轮：培训师喊"开始"后，信息从后面一位队员开始传递时起算。

(1)不能讲话；

(2)不能回头；

(3)后面的队员的任何部位不能超过前面队员身体的肩膀横截面以及无限延伸面；

(4)当信息传到最前面队员手中时，这位队员要迅速举手示意，并把信息交到培训师手中，计时会以举手那一刻为截止时间；

(5)不能传递纸条和扔纸条；

(6)项目的最终解释权和裁判权归培训师；

(7)第一轮时间≤3 分钟(给出 7 分钟的讨论时间，然后回来 PK)。

第二轮：以前规则继续生效，新增规则：

(1)第一轮所有方法不能再使用；

(2)不能传递和扔任何物品；

(3)第二轮时间≤2 分钟(给出 6 分钟的讨论时间，然后回来 PK)。

第三轮：以上规则继续生效，新增规则：

(1)第一轮和第二轮所用方法不能使用；

(2)第三轮时间≤1 分钟(给出 5 分钟的讨论时间，然后回来 PK)。

第四轮：以上规则继续生效，新增规则：

(1)前三轮所用方法不可用；

(2)屁股不可以离开地面；

(3)第四轮时间≤30 秒(给出 4 分钟的讨论时间，然后回来 PK)。

2. 培训目标：

使学员强烈意识到，充分沟通对团队目标实现的重要意义；并领会制度规则的建立与修正。

(十三)疯狂设计

1. 项目介绍：

第一轮：小队成员派一个代表抽出一个工作者提前准备的 26 个字母中的两个，然后用最短的时间摆出这两个字母。

第二轮：小队成员派一个代表抽出一个培训师提前准备的单词，然后用最短的时间摆出这个单词。

2. 培训目标：
增强队员的团队合作能力。

知识链接

请根据图 1-3～图 1-8 说出活动项目的名称，并尝试编写出活动规则。

图 1-3

图 1-4

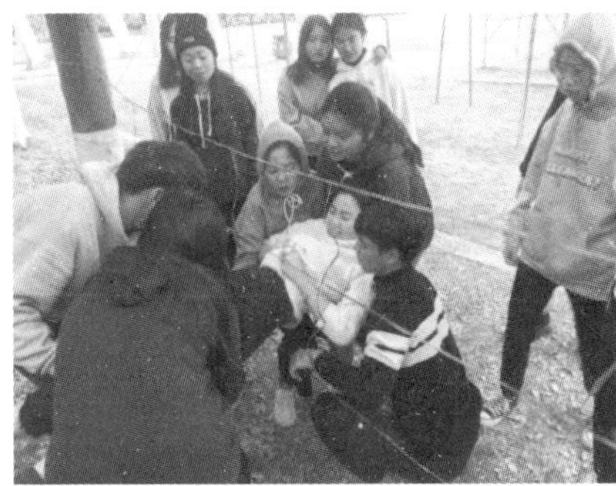

图 1-5

图 1-6

图 1-7

图 1-8

Project
Two

项目二　抖音平台认知

课程思政

抖音短视频类型丰富,操作便捷且时尚,深受各个年龄段的喜爱。面对琳琅满目的短视频内容,我们要学会甄别哪些是精华哪些是糟粕,尽量取其精华去其糟粕,让抖音为你所用,而不是沉迷其中,不可自拔。

作为短视频的运营者,我们要了解学习抖音平台的规则,遵守平台运营规则,掌握平台的底层逻辑,选择合适的平台进行短视频运营。

短视频已成为企业宣传推广的重要渠道,是新媒体运营的必要模式,也成为很多人消磨碎片化时间的重要方式。选择合适的入驻平台,是实现短视频运营目的的关键;全面了解和熟悉短视频账号的基础信息和流程是短视频运营成功的基础;熟悉短视频平台规则与算法是短视频运营持续变现的保障。本项目侧重抖音平台基础知识学习,掌握规范运营短视频账号的技巧。

任务一　选择短视频平台

任务目标

1. 了解短视频行业概况。
2. 了解常用的短视频平台。
3. 掌握选择入驻平台的策略。

任务描述

本任务是熟悉短视频行业概况及发展趋势,明确短视频运营是当前新媒体运营的核心技能。

了解短视频发展历史，明确短视频发展趋势，有助于我们充分把握未来发展机会，激发我们掌握短视频运营技能的动力；学会分析头部短视频平台的行业背景、基本信息、核心功能、内容生产与分发、商业变现等情况，能够依据自身情况合理选择入驻的短视频平台。

学员通过本任务的学习，了解短视频行业现状与发展趋势，能够依据自身运营动机和优势来选择能实现目标的平台进行短视频运营。

任务分析

移动互联网时代的用户注意力越来越分散，短视频用户的需求越来越挑剔，短视频生产者除了要抓好内容生产质量外，还需在运营推广时掌握找准受众、创意策划、生产优质内容、团队搭建、视频制作、吸粉引流、流量变现、营销推广等技能。

任务实施

一、剖析短视频发展史（见图 2-1）

短视频行业萌芽于 2011 年，而后在智能手机、移动互联网 4G 技术的发展推动下，行业爆发式增长，现已形成“两超多强”的竞争格局，商业模式逐渐成熟，变现手段多样化。

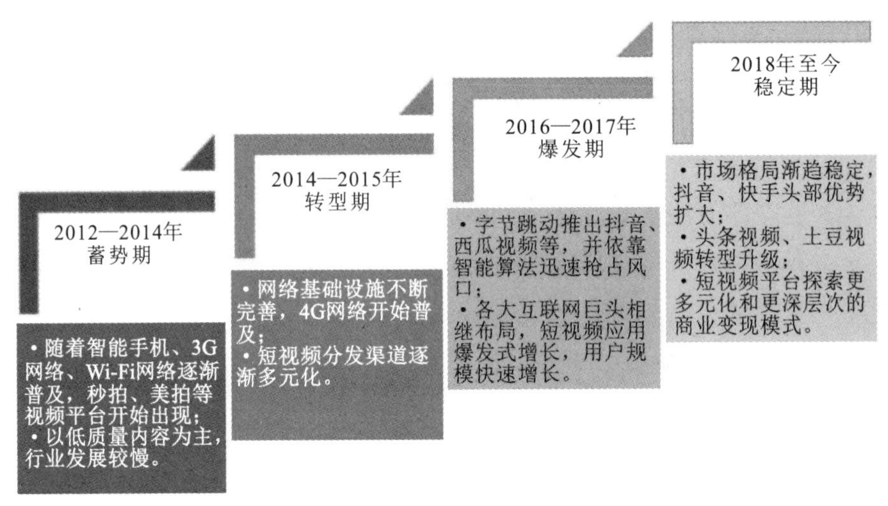

图 2-1 短视频行业发展历程（图片来源：智研报告）

二、辨明短视频未来走向

随着各类短视频平台竞争加剧，国家监管力度加大（见图 2-2），短视频未来发展趋势将呈现如下特征：持续碎片化发酵、内容付费前景巨大、越来越重视短视频版权。短视频未来发展不仅要靠平台自身的优质内容生产，还要与当下及未来具有前景和市场价值的关键性技术相结合，比如 AR/AI 技术、5G、区块链等。

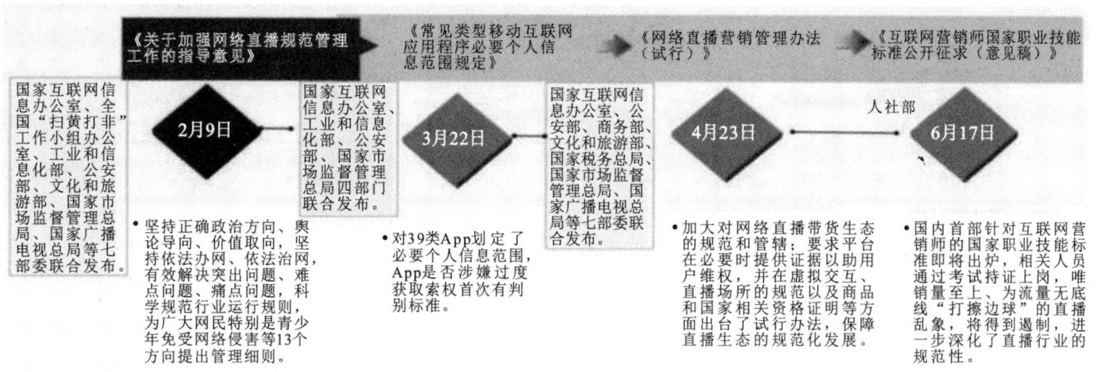

图 2-2　2021 年全国各地视频内容电商规范大事件(图片来源:流媒体网)

三、提升短视频运营能力

短视频运营者想要搭上短视频顺风车,坐享短视频带来的红利,就必须生产出优质的短视频内容。为此,需要具备胜任短视频运营所需的策划编导、视频拍摄、剪辑特效,以及账号运营工作的相关技能,包括账号搭建与维护、协同拍摄、数据分析、提高转化、吸粉引流、内容优化、内容包装、热点策划、矩阵管理等,如图 2-3 所示。

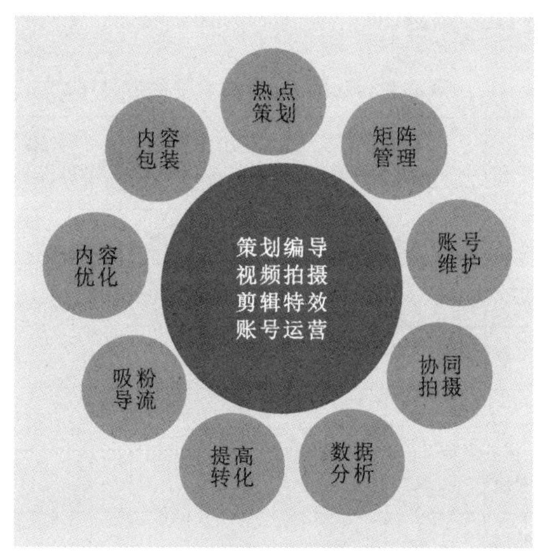

图 2-3　短视频运营相关岗位及技能

四、选择入驻短视频平台

各互联网巨头经过多年竞争,抖音及快手在短视频领域头部优势明显,快手起步早,用户基础深厚,且积极发展电商和游戏直播等业务,成为头部典型代表;抖音虽然发展时间较短,但追赶势头明显,入驻 KOL(关键意见领袖)数量多,带货推广情况良好,也成为用户最多的短视频平台。短视频运营者在明确自身运营动机和运营优势的情况下,必须结合不同平台的调性、内容定位、用户特征、商业变现等实际特点,入驻能实现自身目的的短视频平台。抖音与快手平台特点对比如图 2-4 所示。

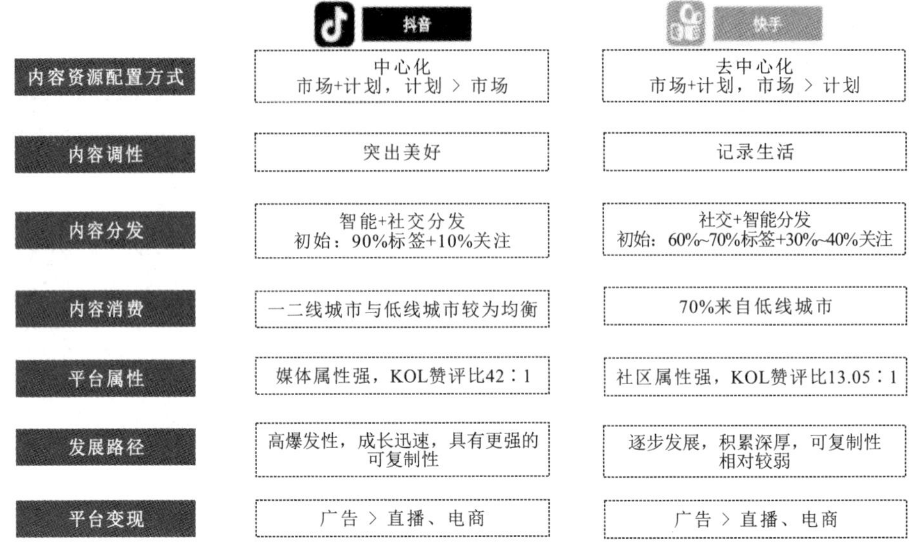

图 2-4　抖音与快手平台特点(图片来源:福州扬帆出海网络科技有限公司)

任务评价

根据表 2-1 的项目进行评价。

表 2-1　选择入驻短视频平台学习评价

评价项目	自我评价（25 分）		小组互评（25 分）		校内教师评价(25 分)		企业项目导师评价(25 分)	
	分值	评分	分值	评分	分值	评分	分值	评分
对短视频发展史的了解程度	□	□	□	□	□	□	□	□
对短视频未来趋势的了解程度	□	□	□	□	□	□	□	□
对短视频运营技能熟悉程度	□	□	□	□	□	□	□	□
对抖音与快手特点的了解程度	□	□	□	□	□	□	□	□
选择入驻短视频平台合理程度	□	□	□	□	□	□	□	□

知识拓展

1.短视频是大学生活中的一部分,学好短视频对你有用吗？为什么？

2.短视频运营的不同岗位就业所需技能不同,请你结合自身优势选择一个具体的短视频岗位,针对该岗位职责制作视频简历时,你应如何整理展示你的短视频作品集？

任务二　熟悉抖音功能项和操作流程

任务目标

1.能快速注册一个抖音号。
2.掌握装修抖音主页的技巧。
3.熟悉抖音各项基本功能和操作流程。

任务描述

本任务是熟悉抖音基本功能和操作流程,初步掌握打造抖音号的窍门。

从注册抖音账号开始,到熟知抖音各项功能,是抖音号运营基础的过程。在该过程中,我们需要详细掌握快速注册账号的流程,如何设置头像和签名,如何保障账号安全,如何操作抖音各项基本功能等。

学员通过本任务的学习,能够掌握抖音的功能框架流程和使用规则,以使自己能够进行更深度的抖音运营。

任务分析

从注册抖音账号开始,到熟悉掌握抖音的各项功能,是抖音号运营的基础。在该过程中,我们需要详细掌握快速注册账号的流程、如何装修自己的抖音主页、如何保障账号安全、如何操作抖音各项基本功能、如何关联第三方账号更高效地吸粉引流等。

任务实施

一、快速注册一个抖音号

想要通过发布短视频分享美好生活,甚至成为抖音网红、实现抖音变现收入,前提是注册一个抖音账号。个人账号注册步骤如下:

1.在手机上下载抖音短视频 App,并安装;

2.打开抖音 App,在首页找到"我",进入该界面;

3.手机号码注册方式:在"我"页面弹出的内容中点击输入手机号注册(也可以选择微博、QQ、微信等方式注册和快捷登入);

4.输入手机号码之后,看清楚相关协议,然后点击同意"抖音用户协议";

5.进行手机号码短信验证,输入验证码以后再点击确认;

6.完成注册,进入自己的页面,并接受完善信息;

7.把各项信息都填写完整(包括生日和昵称),然后返回个人主页就可以看到账号已注册成功。

二、搭建抖音账号

打造抖音账号的关键在于搭建(也称装修抖音主页),最主要的内容是头像、昵称和简介、头图。抖音主页是内容创作者留给用户的第一印象,将主页设计好,不仅可以加深用户的印象,还能提升用户的信任感,主页的搭建对于抖音玩家来说是至关重要的一步。好的账号搭建能提高账号赞粉比(点赞/粉丝),能吸引更多的点赞、粉丝。搭建账号具体步骤如下:

步骤1:取昵称

好昵称通常有三个标准:好记忆、好理解、好传播。常见的取名方法有以下几种:

1.学习成长型:一直以来,抖音平台的内容主要以娱乐为主,但你会发现越来越多的知识类、教学类视频出现在这个平台上,这是一个需要我们牢牢把握的未来趋势。那成长型的账号名该如何取呢?比如“职场训练营”“口才培训师”“每天进步一点点”等等,这些都与一项技能或者学习成长有关,很容易吸引到渴望学习和渴望提升自我的人群前来关注。

2.特定人群型:运营抖音账号除了要打造个人品牌外,更多的是为后期卖货、打广告或者直播做准备,所以吸引特定的人群很重要。比如“装修游击队”“生活美学家”,这类账号会明确告诉大家你的账号主要聚焦在哪些领域以及内容范围。

3.职业昵称型:职业昵称也就是你的职业,把职业昵称人格化会让用户觉得你是真实存在的人。比如“平面设计小仙女”“美食体验小美”“麻辣德子”,这类账号听起来会给人以亲切的感觉。

4.意见领袖型:意见领袖,即某个领域说话比较有权威的人。比如“广告我来讲”“财经有话说”等,这类账号名能表现出账号在某个领域的专业度,在此基础上结合专业内容的输出,就能让账号价值实现最大化。

5.精选大会型:此类账号能让用户第一时间了解账号的类型,即该账号所属的领域,如××精选、××大选、搞笑精选、小成本创业全攻略等等。

6.时间便签型:如“今日头条”“十点读书”“夜听”等,这类账号的时间很明确,用户可以根据自己的需求去选择。

7.号召行动型:比如“学个单词再睡觉”“一起瘦到90斤”,这类账号名能吸引到对应领域的用户,如果内容足够优质,并且能让他们采取行动,用户对账号的依赖性就会更强。需要注意的是,名字内不要有微信、微商、QQ等敏感词汇,否则会降低账号的权重。

步骤2:设置抖音头像

独具特色的抖音头像可以吸引人们的注意,同时更容易吸引到粉丝、点赞等。好的头像可以让你的账号快速脱颖而出。具体设置操作:首先打开抖音App,在【我的】页面上方点击【编辑资料】选项卡;接着在【编辑个人资料】页面顶部,点击头像或相机图案;然后在页面下方弹出的列表中,选择一个方式,将需要更换的头像上传即可。如图2-5所示。

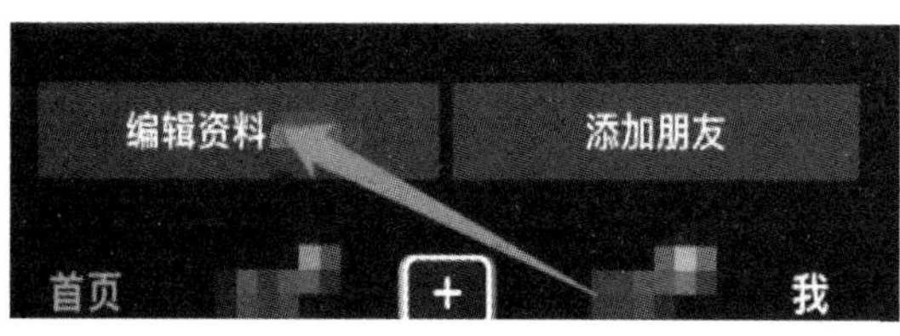

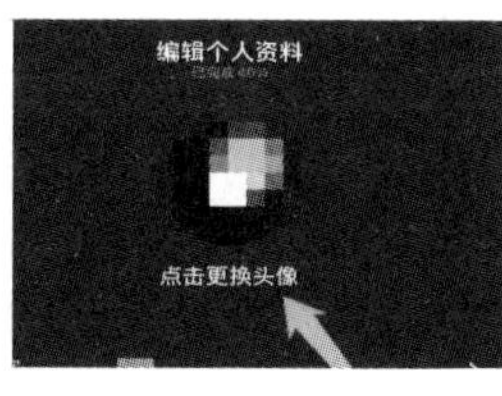

图 2-5　设置抖音头像页面

步骤 3:抖音背景图片

背景图片首先颜色应该与你的头像颜色相呼应,与你的主体保持统一的风格;其次要美观,有辨识度,传达专业度。

背景图会被自动压缩,只有下拉时才能看到下面部分的内容。所以,最好把想要表达的信息留在背景图中央的位置,如图 2-6 所示的重点内容区域。

图 2-6　背景图的重点内容区域

步骤 4:抖音账号简介

账号简介要根据人物定位,突出个人的 2～3 个特点即可;并且不用太长,太长不方便用户记忆。可以在简介中加上视频更新时间或者直播时间。

需要注意的是,简介内不要放联系方式,以及微信、微商、QQ 等敏感词汇,平台一旦识别可能会降低账号权重。

步骤 5:绑定第三方账号

绑定第三方账号可以为自己的抖音号起到引流吸粉的作用。目前抖音的第三方账号平台包括:QQ、微博、微信、今日头条。

具体设置操作为:打开抖音 App,打开【设置】,点击【账号与安全】选项卡,找到【第三方账号绑定】,选择需要绑定的第三方账号即可,如图 2-7 所示。

步骤 6:账号认证

出于账户安全或开通抖音直播的需要,我们必须对抖音账号进行认证。抖音账号认证有个人实名认证和抖音官方认证两种方式,其中抖音官方认证包括个人认证、企业认证和机构认证。

经过认证的账号能获得更高的推荐权重,前期可以在【设置】—【账号与安全】—【实名认证】中,先完成个人实名认证。后期可以进行官方认证,在官方认证账号中,政府机构号的级别最高,其次是企业号、MCN 机构旗下账号和个人认证账号。

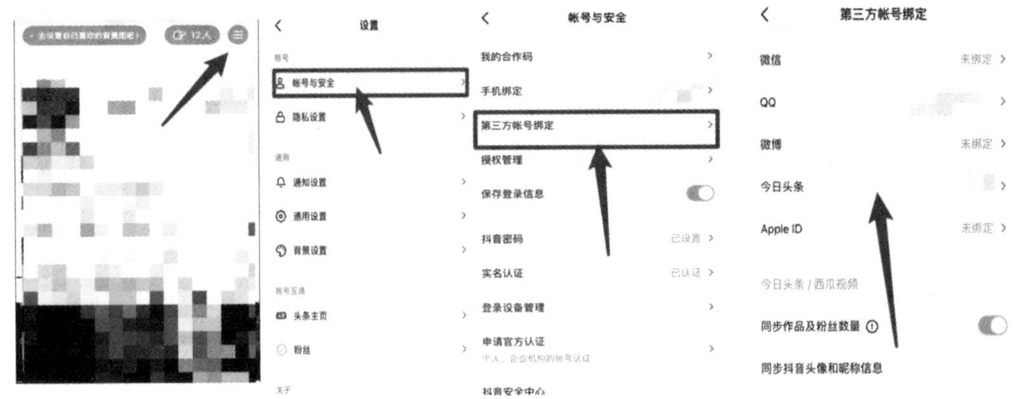

图 2-7　绑定第三方账号操作流程

申请个人认证需满足三个条件:发布视频数≥1、粉丝量≥1 万、绑定手机号。

具体设置操作为:打开抖音 App,打开【设置】,点击【账号与安全】选项卡,找到【实名认证】—【申请官方认证】,然后按要求填写内容并提交即可。

三、操作抖音各项基本功能

只有熟知抖音的基本功能与操作流程,才能借助抖音实现自己的目标和计划。抖音的功能框架主要由五个部分构成:“首页”“朋友”“+”“消息”“我”,如图 2-8 所示。

图 2-8　抖音首页功能展示区

（一）“首页”：推荐和同城功能

打开抖音第一眼看到的就是来自抖音平台的推荐，这就是抖音的“首页”，其功能框架如图 2-9 所示。

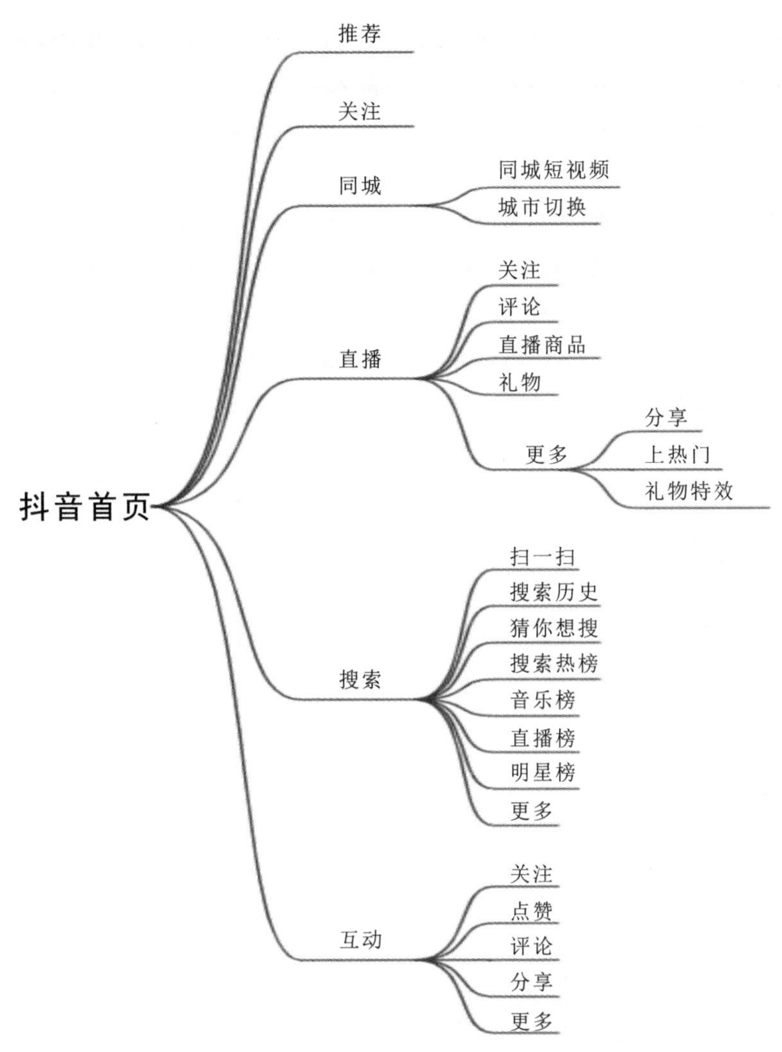

图 2-9 “首页”功能框架图

在“首页”中与“推荐”并列的还有一个功能是“同城”。该功能更多体现社交的属性。我们只要打开位置，就可以搜索到同城近距离的抖音号的信息，然后可以加好友、互相关注，发展线上和线下的社交关系，同时还能为自己带来某种圈子的影响力，打造互联网社交货币的强度，吸引更多粉丝。此外，在同城的功能中，还有“美食”“美酒”“玩乐”“购物”等板块。例如，“购物”板块会为你展示同城购物商场、卖场的抖音短视频，帮助你捕捉和发现美好的事物。

（二）“朋友”：抖音朋友圈

在抖音的“首页”旁边有一个“朋友”板块，这类似于微信的朋友圈功能，你所关注的抖音号、发布的最新内容和动态都在这里显示。通过“朋友”板块，我们可以第一时间知道好友的动态、了解好友发布的抖音内容。同时，在这个板块中，我们还可以给好友的内容快速点赞、评论和转发。当然了，关注你的粉丝也会通过这个功能第一时间关注你的动态。此外，在“朋友”板块最上方，还可以看到正在直播的抖音用户。我们可以选择点击进入对方的直播间，观看对方的直播。

（三）“＋”：抖音的视频核心功能区域

在抖音中最核心也是最重要的功能区域就是“＋”，这个功能位于抖音页面下方，有一个明显独特的“＋”标志。在这里，我们可以上传、拍摄、拍照，以此来发布自己的短视频。其功能框架如图 2-10 所示。

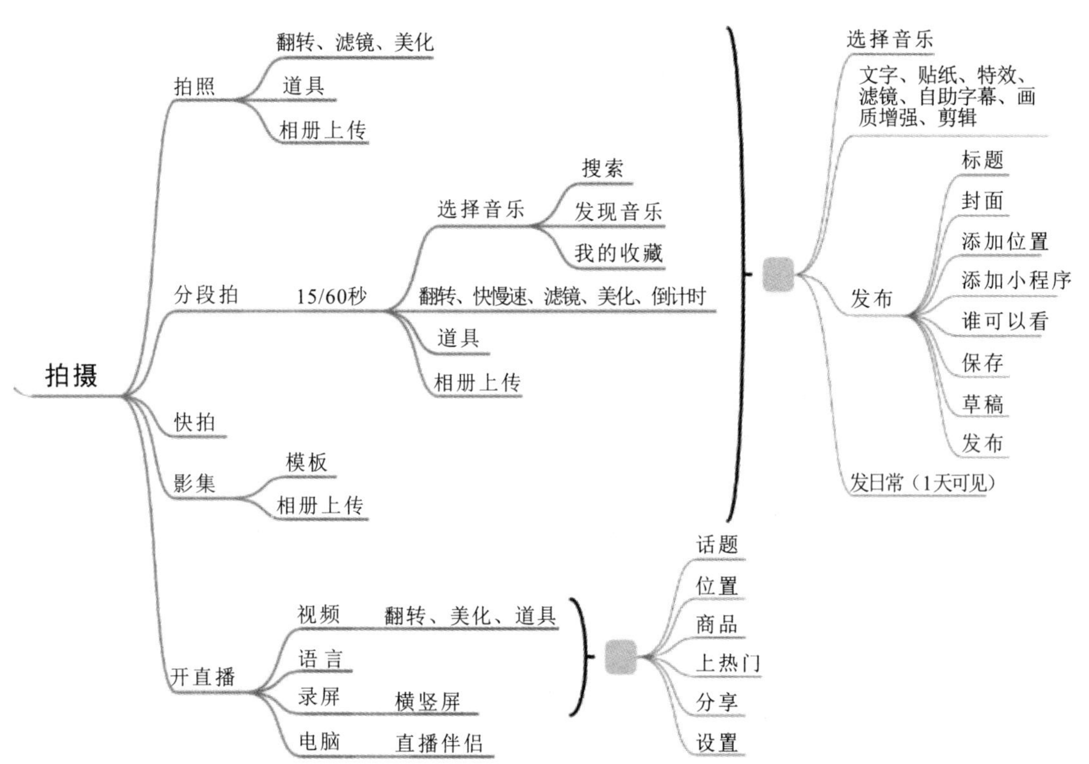

图 2-10 “＋”（拍摄）功能框架图

在拍摄时，我们可以选择抖音官方提供的道具辅助拍摄，让视频更加丰富多彩，还可以自主选择音乐背景。此外，我们还可以借助抖音官方提供的特效和滤镜美化视频，增强视觉效果。总之，这是生产和制造抖音短视频优质内容的核心大本营，也是抖音最重要的部分。

(四)“消息”:最新通知和作品的最新反馈

在“消息”这个功能板块中,我们主要可以观看发布视频之后的反馈,即粉丝数、点赞数、评论数,方便掌握自己发布的单视频的动态信息。其功能框架如图 2-11 所示。

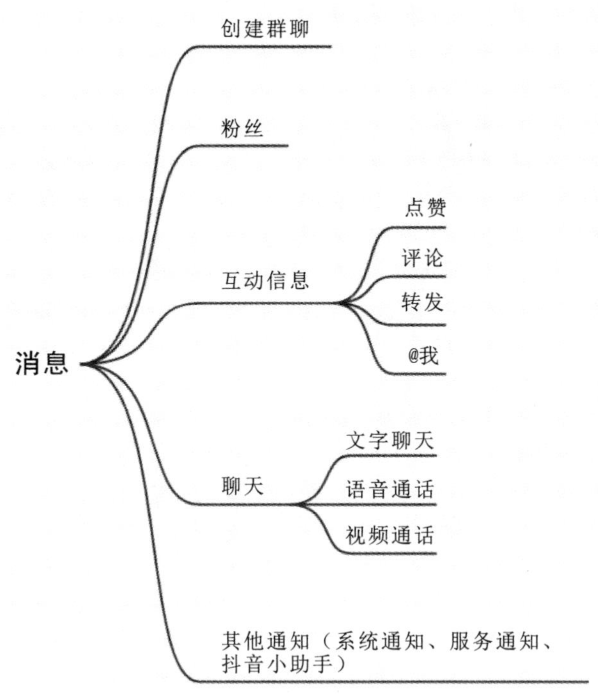

图 2-11　“消息”功能框架图

“消息”模块有三个小功能:

1.抖音小助手:抖音小助手会为我们推荐更多热门、新鲜的话题和官方活动,便于我们第一时间参与。

2.资讯助手:资讯助手为我们推荐更多关于抖音火爆的内容是如何打造的,如何拍摄一些更好的视频,怎样制造话题等内容,对于我们做好抖音号是非常有帮助的。

3.系统通知:这个板块是抖音官方的提示和通知,任何最新通告和提示,都会在这里第一时间出现,帮助我们快速了解发布抖音的最新内容和要求。

(五)“我”:抖音展示页面和设置功能

“我”这个模块属于抖音展示页面,其功能框架如图 2-12 所示。在这里,我们发布的每一条短视频和动态都能一目了然,包括视频的缩略图、点击量、点赞量、关注量、粉丝数等。在这个版块中还可以对抖音账号进行个性化的设计,例如更换头像、更换名称、分享和设置等。

任务评价

根据表 2-2 的项目进行评价。

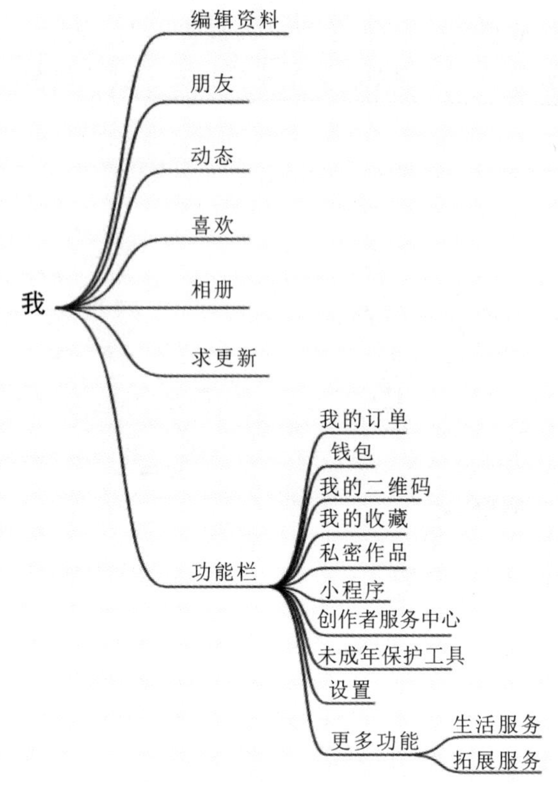

图 2-12 “我”功能框架

表 2-2 熟悉抖音功能项和操作流程

评价项目	自我评价(25分)		小组互评(25分)		校内教师评价(25分)		企业项目导师评价(25分)	
	分值	评分	分值	评分	分值	评分	分值	评分
能否快速注册抖音账号	□	□	□	□	□	□	□	□
昵称选择是否合理	□	□	□	□	□	□	□	□
头像设置是否合理	□	□	□	□	□	□	□	□
简介是否能体现账号特点	□	□	□	□	□	□	□	□
抖音基本功能操作是否熟练	□	□	□	□	□	□	□	□

能力拓展

1.制作一个励志文字头像,并更换你当前的抖音头像,然后观察抖音涨粉和视频点击情况。

2.根据上述的几种签名操作方法,分别打造签名,然后从中精选一条加以投放运用。同时,帮助你身边的同学、好友来改造签名。

3.注册今日头条 App 账号,并且将抖音关联。在今日头条中多关注一些用户和时事热点,为抖音运营打好基础。

任务三　熟知抖音平台审核和流量逻辑

任务目标

1.理解抖音平台基本规则。
2.解析抖音平台推荐机制。
3.掌握 DOU+(抖加)投放技巧。

任务描述

本任务是熟悉抖音平台的基本规则与推荐机制,熟悉 DOU+基本功能,掌握 DOU+投放技巧。

任务分析

在正式开始运营抖音之前,了解抖音平台的规则和算法才能更好地驾驭它。我们需要知道:在抖音上发布短视频,视频是否会因违反平台规则而无法发布甚至遭到封号处理?抖音平台是如何判断视频好坏的?我们的视频能否获大的流量?平台更偏爱什么样的内容?这些都需要我们了解平台的基本规则及其内部的基本算法、推荐机制以及账号的流量逻辑。

通过本任务的学习,熟悉抖音平台的审核机制,可以帮助我们规避风险,提高视频过审概率;通过解析抖音推荐机制与算法,明白抖音的流量逻辑并能合理使用 DOU+的投放技巧,帮助我们的账号获取更多流量、吸引更多粉丝。

任务实施

一、抖音平台审核机制

抖音平台的审核机制是机器审核和人工审核双重审核机制,如图 2-13 所示。

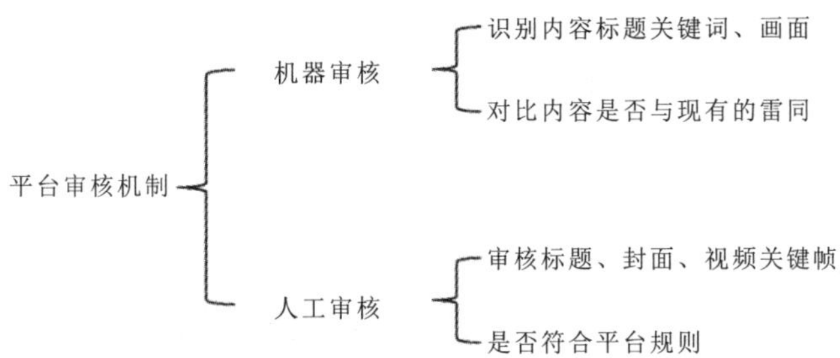

图 2-13　抖音平台审核机制

(一)机器审核

机器审核一般是通过提前设置好的人工智能模型来识别你的视频画面和关键词。它主要有两个关键作用:其一,审核作品、文案中是否存在违规行为,如果疑似存在,就会被机器拦截,通过飘黄、标红等提示人工注意;其二,通过抽取视频中的画面、关键帧,与抖音大数据库中已存在的海量作品进行匹配消重,内容重复的作品进行低流量推荐,或者降权推荐(仅粉丝可见、仅自己可见)。

(二)人工审核

人工审核主要集中在视频标题、封面截图和视频关键帧三个部分。对机器审核筛选出的疑似违规作品,以及容易出现违规的作品,抖音审核人员再逐个进行细致审核。如果确定视频作品违规,将对违规抖音账号进行删除视频、降权通告、封禁账号等处罚。

二、抖音平台审核规则

抖音平台的审核规则主要包括去重审核和内容审核,如图 2-14 所示。

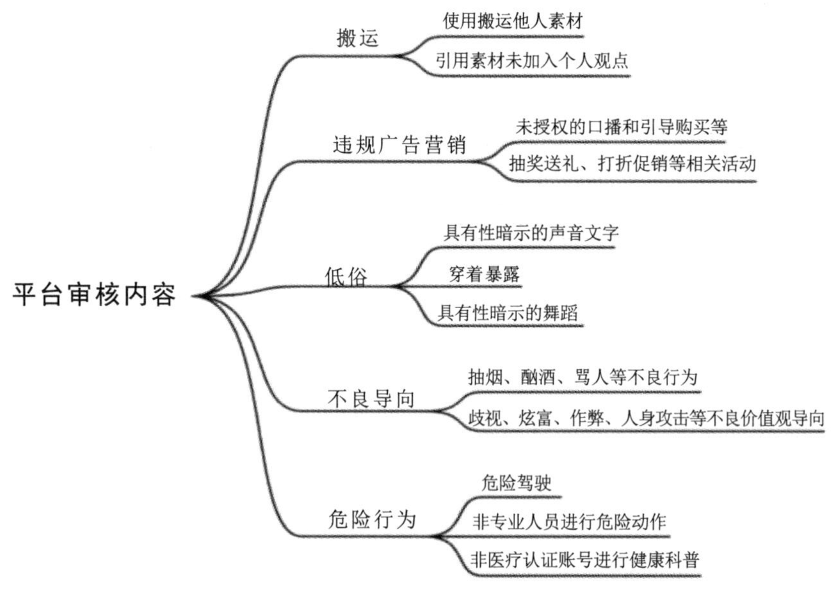

图 2-14 抖音平台审核内容

(一)去重审核

去重审核主要审核视频作品的封面、时长、帧数等,检查其是否为原创视频,判断平台上是否存在高度相似或相同的视频。

(二)内容审核

内容审核则是检查视频内容是否合规,包括:

1.视频文案:文案中是否包含敏感信息、电话、网址、微信号、微信公众号等。

2.视频内容：内容中是否包含违法内容、低俗内容、伪科学、封建迷信、不文明语言、性别歧视、种族歧视、危害未成年人的行为、二维码、电话号码、网址、微信号、QQ号、微信公众号、硬广告、其他平台的LOGO/水印/贴纸、引导消费、虚假宣传等。在发布视频作品之前，先要了解清楚抖音的一些禁用词汇，以避免审核不通过。

三、抖音平台内容分发机制

我们在抖音发布的视频作品经过机器审核和人工审核后，会被分配到一个初始流量池，平台会根据初始流量池的用户反馈数据来判断是否将作品推进更大的流量池；以此类推，只要作品的反馈数据好，平台就会持续增加作品的曝光量，如图2-15所示。

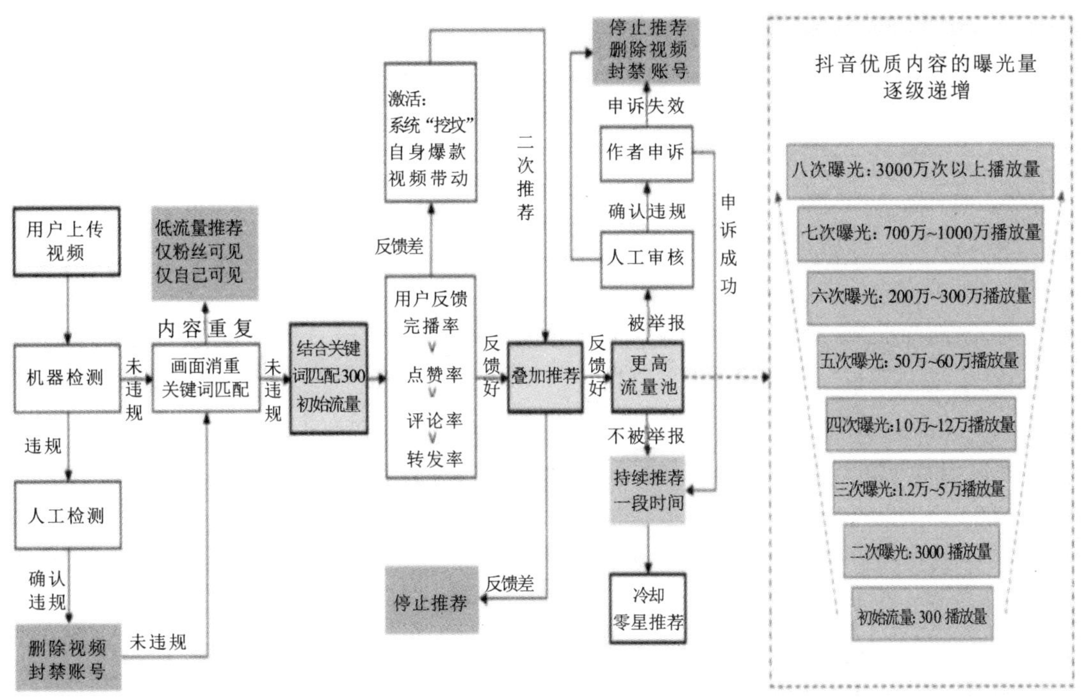

图2-15　抖音平台内容分发机制

四、DOU+投放步骤

DOU+是抖音平台中的一个付费推广工具。通过抖音DOU+可以投放广告，让自己的短视频被更多的抖音用户看到，并引起关注。

DOU+投放步骤：打开抖音App→【我】→右上角的三横图标【≡】→进入【创作者服务中心】→点击页面中的【上热门】→在DOU+上热门页面勾选要投DOU+的作品→设置【套餐以及人群】→点击【支付】付款，如图2-16所示。

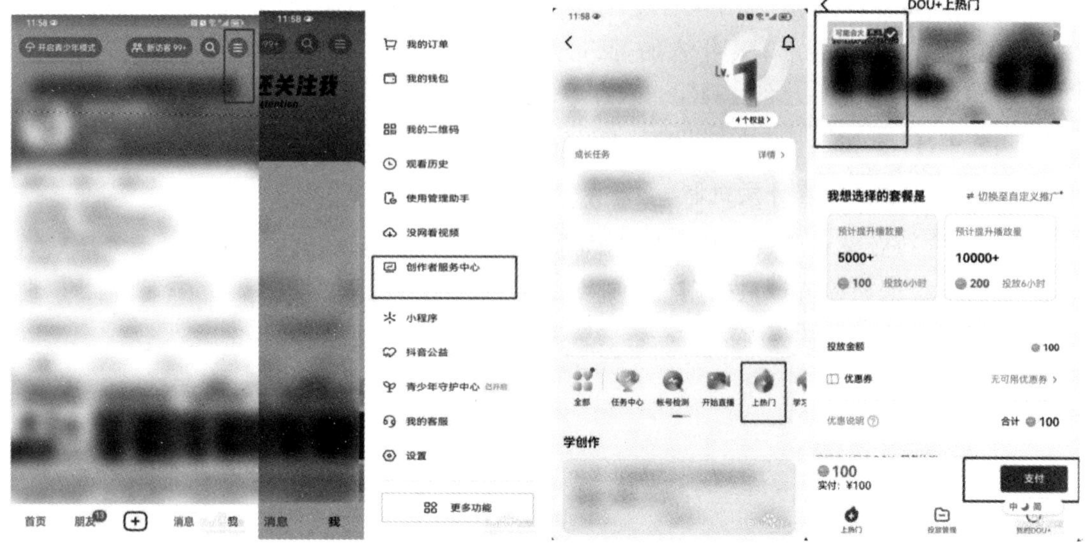

图 2-16　DOU＋投放步骤

五、DOU＋投放技巧

DOU＋投放设置技巧主要包括四个方面：

(一)期望提升设置

期望提升我们一般选择“粉丝量”。

“主页浏览量”适合律师、英语老师等客户咨询类的账号；“点赞评论量”适合那种播放量、评论量都还可以的账号，马上要上下一个热门的时候可以投；“表单提交”是一种新的广告方式，相当于是一个落地页信息流。

(二)投放时长设置

投放时长设置 2 小时的速度最快，但是效率不及 24 小时高；100 块钱投 2 小时，可能会给你带来 200 的流量，但是投 24 小时，可能会给你带来 500 的流量。

(三)把视频推荐给潜在用户

1.系统智能推荐：给已经有标签的账号用的，没有标签的账号不要投；

2.自定义定向推荐：适合本地商圈的账号投；

3.达人相似粉丝推荐：用来打标签和强化标签的，需要找到 20 个对标账号。

(四)投放金额设置

预计投放金额不要一次性投完，要分散进行投放，分散投放的效率会比直接一次性投放要高 30%。所以分多次投，效果会更好。

任务评价

根据表 2-3 所示的项目进行评价。

表 2-3　熟知抖音平台审核和流量逻辑学习评价

评价项目	自我评价（25 分）		小组互评（25 分）		校内教师评价（25 分）		企业项目导师评价（25 分）	
	分值	评分	分值	评分	分值	评分	分值	评分
是否了解抖音的审核机制								
是否熟悉抖音审核内容								
能否把握抖音内容分发								
是否掌握 DOU＋投放步骤								
是否熟悉 DOU＋技巧								

能力拓展

1.前往抖音官方平台下载并详细阅读完整版“抖音社区自律公约”和“抖音用户协议。

Project Three

项目三　账号定位与分析

课程思政

表面上抖音短视频什么都可以做、什么都可以发，其实不然。我们在发短视频都是需要服务某一类观众的，所以是垂而精的，一个账号的内容必须专注，不能今天发美妆，明天发教育，后天发旅游。另外，也要坚持有规律地发视频，不能三天打鱼两天晒网。这与我们工作的道理是一样的，如果我们专注一个行业，专注一种技艺，用耐心和兴趣去深耕，就有可能成为能工巧匠，所谓“三百六十行，行行出状元”。

任务一　账号类型与风格定位

任务目标

1. 明确账号的运营方向。
2. 增加账号辨识度，有利于让用户记住自己。
3. 便于打造品牌，打造个人 IP，走向变现。

任务描述

短视频账号经营要细分账号类型，不要把运营账号当作发朋友圈，随心所欲地发视频。如果是教育类账号就发关于教育的，如果是美妆类账号就发关于美妆的，标签越明确，系统就会把你推到更精准的赛道，粉丝的黏性就越强。视频也不能断更，不然系统会认为你的账号不活跃而停止推送。

任务分析

在本任务的学习和操作过程中，一定要明确各组账号的运营发展方向，账号一定要给人物确定一个区别于其他人的人设，不管是这个人在性格上的人设，还是他的口头禅、说话的风格，或是他视频拍摄的内容结构等等，都要与别人有所区别。

任务实施

一、什么是账号定位

新媒体创作中常见的有三个问题：

1. 账号注册好后，明明已经想好了创作方向，可实际做每一期作品的时候还是纠结发什么内容。

2. 账号发布的作品，播放量很低，涨粉也很慢。

3. 粉丝有了几万甚至几十万，但却卖不掉产品。

出现以上几个问题，都是账号定位存在问题。我们所讲的账号定位，是兼顾创作和营销的思维理念。

所谓账号定位，就是对本账号和竞争账号进行深入分析，在对用户需求做准确判断的基础上，确定账号与众不同的优势，以及与此相联系的在用户心中的独特地位，并传达给目标用户的动态过程。

通俗地讲，账号定位就是你要做一个什么样的账号，想通过账号获得什么样的粉丝，你能为你的粉丝提供什么价值。

好的新媒体＝内容创意＋营销思维

所以，新媒体创作不仅仅是一个内容创作过程，更是一个运营过程，需要创作者具备创作及营销思维，才能真正做好新媒体。

二、为什么要做账号定位

(一)细分服务人群

新媒体产品也称互联网产品。互联网产品强调用户思维，也就是满足用户需求、解决用户痛点、强调用户体验、推崇口碑营销。

能否被用户认可，是衡量账号优劣的主要标准。而用户的需求千差万别，没有一个账号能够生产满足所有用户需求的内容，只能生产满足部分人群的部分需求的内容。所以账号定位在一开始就要考虑清楚几个问题：服务人群是什么？究竟满足谁的需求？为谁生产内容？

成功的内容创作都是垂而精的。

(二)明确创作方向

新媒体创作不能光靠灵感，否则长期下去会后继乏力，感觉什么都可以拍，又没有什么可拍的，漫无目的。

事实上创作要有目的性。先明确账号定位和细分人群，再基于用户需求，产生创作素材和创作方向，而且能够迅速得到用户反馈。这样有利于创作者不断地调整内容创作方向和方法，也有助于内容的快速产出。

（三）建立 IP 形象

IP 是我们创作的一个过程。我们刚注册的账号能叫 IP 吗？不能。

一个 IP 的建立都会有以下步骤：

账号—达人—KOL—IP

我们在前期起账号的时候要有一个长线思维，在所属的专业领域有着强大的影响力和流量属性，做到 IP 化和垂直化。比如说专注法律、刑法领域的**@厚大.罗翔说刑法**（见图 3-1）、网红、模特领域的**@易梦玲**（见图 3-2）和运动、搞笑领域的**@张国伟_国家伟大**（见图 3-3）。

图 3-1 @厚大.罗翔说刑法　　图 3-2 @易梦玲　　图 3-3 @张国伟_国家伟大

三、账号定位的三大原则

账号定位的核心是什么？每个账号都需要有自己的核心竞争力和核心价值，并且通过这种价值和用户建立长期稳固的关系。所有账号与账号之间的竞争，本质不是新媒体产品的竞争，而是在用户心中位置的竞争，是占领用户心智的竞争。好的账号定位就是“一句话可以说出你和对手的不同”，比如李佳琦（“涂口红世界纪录保持者，战胜马云的口红一哥”），如图 3-4 所示。

图 3-4　李佳琦的账号定位

(一)差异化原则

在明确了账号内容和方向后，接下来就要在细分领域内实现差异化。

差异化是账号占领用户心智的最佳路径。互联网“三个一”成功法则：要么第一个做，要么做第一，要么做唯一。前面两个“一”比较不容易，第三个比较可行，也就是和竞争对手要有差异性。因此差异化是账号占领用户心智的最佳路径。

运营团队要问自己三个问题：我们瞄准的方向和市场里，头部位置的账号是哪些？他们的特点是什么？我们和头部竞争者的差异化是什么？

如果能肯定地回答以上三个问题，那么我们的账号是有竞争力的。很多账号都是没有特别清晰的定位的，这时候我们可以借鉴成熟的账号去创作。借鉴竞品内容，一定要去看竞品这样做背后的逻辑是什么，而不是逐字逐句原封照抄。

(二)持续性原则

持续性是账号运营最基本的底线，也最难做到。每一个账号的成功，账号定位都不是一朝一夕可以形成的，用户定位也不是一劳永逸的。账号在“闯关”的过程中，要持续强化定位元素，不断加强账号在用户心里的定位。

这个过程有点像交朋友，需要有相识、相熟、相知的过程，从用户关注我们开始，通过各种方法和手段去维系和维护，日积月累。

优质创作者都是不断积累的过程。**@乡村小乔**(见图 3-5)发了一千多条视频，**@巧妇9妹**(见图 3-6)发了两千多条视频，才积累了今天的粉丝量。这个是他们成功的原因，也是创作者最难做到的持续性原则。

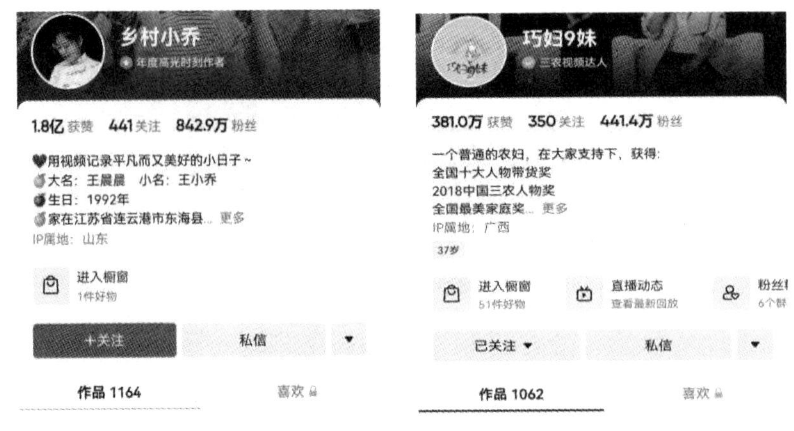

图 3-5 @乡村小乔　　　图 3-6 @巧妇 9 妹

(三)成长性原则

成长性是账号升级的助推器,每一个账号都有一个成长周期:(1)启动阶段,我们要进行账号定位;(2)初始化阶段,我们要进行内容试错;(3)放量阶段,我们要不断纠偏;(4)精细化运营阶段,这个阶段是内容的深耕和延展。账号定位是不断打造我们账号形象的过程,也是账号成长的一个过程,如图 3-7 所示。

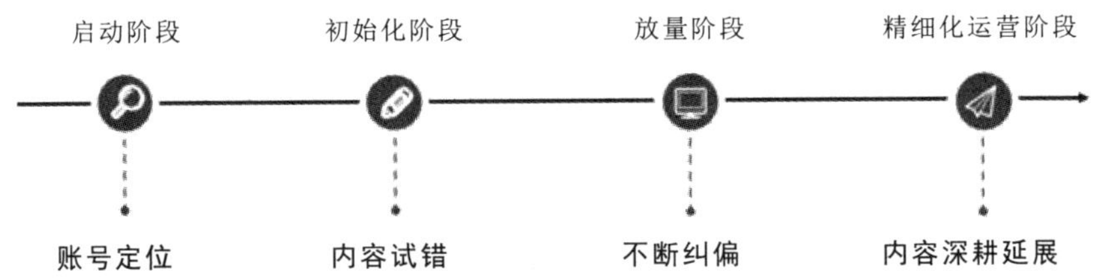

图 3-7 账号成长周期

好的账号会给用户带来一种陪伴的感觉,用户会把人设和品牌当成朋友一样,形成稳固的互动关系。

人设和品牌本身也在不断成长。如**@租租车**的账号,从 2018 年至今可以看到其不断成长的过程:开始的内容比较简单,只提供旅游资讯;后来对各热门旅游点精选旅游攻略,内容以干货和优惠信息等利益点为主;如今,在“种草”旅游的同时,扩展“探世界”的概念,增加有趣的世界趣闻和冷知识。

图 3-8 @租租车的成长过程

四、个人账号定位的六大要素

个人账号定位要有清晰的人设。什么是人设？它包括六大要素，如图 3-9 所示，前三个是图文的要素，后三个是视频的要素。

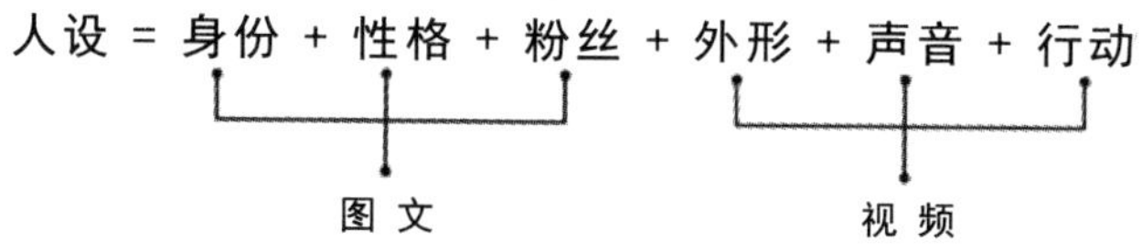

图 3-9 人设的六大要素

（一）身份

身份是指这个账号的社会角色或者是行业角色。身份是人设中的识别标签，可以让用户明确地知道你是谁，从而建立起和用户相关的联系，让用户了解你能提供的价值与服务。

这里的身份不单单指职业，比如宝妈可以是一种身份，游戏玩家可以是一种身份，旅游爱好者也可以一种身份。身份可以将创作者和用户归成一类，形成统一的价值认知。

（二）性格

性格是人物的个性，人设必须是最真实的反馈，真实是新媒体创作的核心要求。用户会被真实的场景、人、情感所打动，把自己真实的性格展示给用户，能够吸引相同志趣或者性格的人，从而产生共鸣。

（三）粉丝

我们这个账号要具体影响的人群是谁，粉丝是人设定位中的出发点。平台的分发机制是根据用户兴趣或需求推荐内容，发布的内容都会被用户根据自己需求来做判断，如果用户喜欢，就会对你的内容进行点赞、评论、转发等操作，如果不喜欢就直接划走。

用户欢迎的内容，系统判断说好，就是好的内容。所以账号的内容一定要与这些人群的痛点结合起来。

（四）外形

外形是人设的基本要素。短视频是视觉呈现的艺术，能带给人最直接的视觉冲击的就是造型特征。

外形特征不一定就是长相的特征，好的道具也可以事半功倍。

（五）声音

声音是整个人设中最具记忆点的要素，包括对白、音乐和口头禅。

好的声音最容易被人记住，好的声音记忆点一定是可以发泄情绪的。

（六）行动

行动是真正能够让人设“活”起来的要素，是对人设本身特点的强化，能增强用户对人设的好感和加强记忆。比如李佳琦，他和他的团队用行动证明他是口红届的专家。

五、快速定位技巧

我们有一个账号快速定位的公式，如图 3-10 所示。

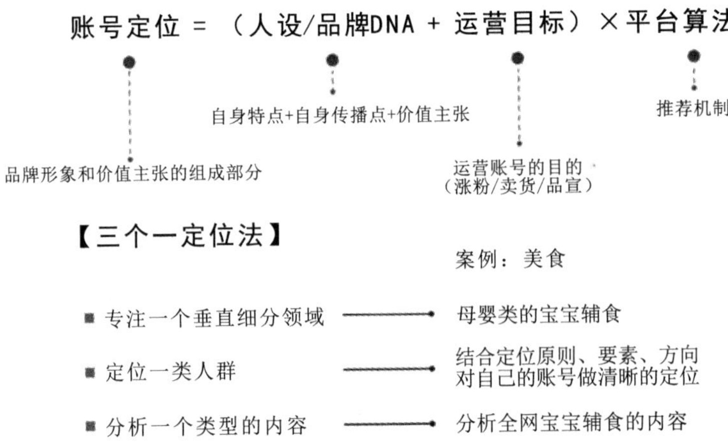

图 3-10 账号快速定位公式

账号定位要从擅长的领域开始，擅长的领域就等于你的优势，你的优势可不是你同行优势。你要服务的是你的粉丝，并不是和你的同行比，你只要比你的粉丝有优势就可以了，比如全职宝妈的优势(见图 3-11)。

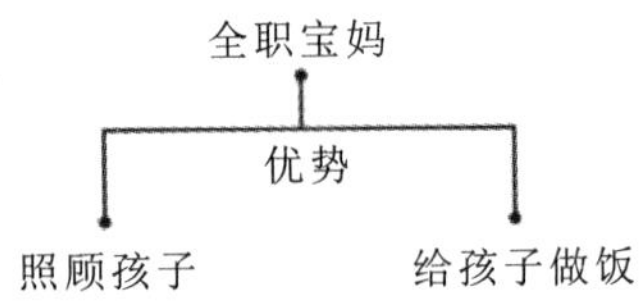

图 3-11 全职宝妈的优势

任务评价

图 3-1 为学生的可行性分析表格，用于学生的特点分析。

表 3-1 学生可行性分析

鉴定点	学生特色	学生填写	分值	学生得分
差异性	六大要素分析个人特色：颜值突出/做饭一流/游戏达人/穿搭一流/特色方言。		20	
	三个一定位法，得出你的账号经营的细分领域、服务人群。		10	
	技术特色：会用什么拍摄剪辑软件，是否自成团队？		20	
可行性	是否真人出镜？出镜人是否有技能特色？		20	
	技术：是否要雇佣拍摄剪辑？		20	
	时间：一周可以更新几次，不能三天打鱼两天晒网。		10	

知识链接

1. 根据技能目标对应的表格，罗列团队成员的技能。
2. 定出你的细分赛道，然后再写出差异性。
3. 可行性表格的填写。

任务二　确定账号选题

任务目标

1. 学会选题的分类和选取。
2. 学会搭建自己的选题库。
3. 寻找和拓展自己的选题创意。

任务描述

确定了自己账号的定位后，就要进行内容的输出。为了能够有持续的内容输出，我们必须确定选题。只有熟悉自己的账号才能找到目标选题。

任务分析

在本任务的学习和操作过程中，明确账号选题的类型，学会搭建自己的选题库。通过系列选题或者通过对标账号的内容输出，寻找和拓展自己账号的选题创意。

任务实施

一、选题的分类

(一)常规选题

常规选题：一定要明确自己的粉丝群体是哪些，自己的账号希望吸引什么样的粉丝，我们就要去研究这类粉丝都关注什么话题。(粉丝量达到1000以上就可以看到自己的粉丝画像)

我们还可以选择对标的账号，然后分析爆款的主题是什么，故事是如何展开的，情感的诉求在哪里，比如行业测评师、医生、律师等。自主策划选题的博主，通常有清晰的人设IP，在精准垂直的赛道上，深耕于固定领域，凭借自己已有的经验或技术，可以做持续的输出，而且输出内容质量稳定。

例如，知名旅行博主@ItsRae(见图3-12)，是主动策划选题的Vlog博主，其剪辑和叙事的手法让人感觉眼前一亮，并且持续更新旅行的经历。又如，分享东北一销售部办公室同事日常的账号——**@销售部日常**(见图3-13)。

图 3-12　@ItsRae　　　　图 3-13　@销售部日常

（二）热门选题

热门选题：看热搜榜，热门话题可以带来巨大流量，要在抓住热门话题的同时创作好的作品，如图 3-14 所示。

注意几点：

1. 不是所有的热门话题都适合做选题；
2. 要在自己的垂直领域做选题的筛选；
3. 注重内容，不要一味抢热点；
4. 拍摄热门相关的视频必须带上热门话题；
5. 热门话题要当天发。

（三）系列选题

系列选题：账号稳定之后可以长期做的，固定话题、方式、风格、专题乃至固定时间的，以一种不断更的形式持续输出内容。比如，**@温精灵**的一个系列：惹毛妈妈的一百种方式，如图 3-15 所示。

1. 需要细分创作内容

创作方向一旦确定，很难转变。抖音的领域和门类众多，当你创建账号的时候，抖音也会要求你选择你这个账号的类型是什么，以此来决定该把你的内容推荐给哪些人。

抖音目前主流的内容类型，按照内容的多寡有一个排序。排在第一位的是颜值，第二位是搞笑，第三位是情感，第四位是剧情，第五位是美食，第六位是美妆，然后是穿搭明星影视类的账号、游戏宠物音乐类的账号、舞蹈类的账号、生活体育等。

对于刚开账号的用户来说，前期如果想要快速涨到 1000 个粉丝的话，娱乐搞笑类的

图 3-14　@央视新闻

图 3-15　@温精灵系列选题

内容相对来说会是比较适合的一个方向。

2. 需要足够的知识储备和创作时间

短视频的创作需要足够的知识储备，我们要问自己：我能做什么？我的技能点是什么？如图 3-16 所示，根据分析的结果，我们了解自己的知识储备，得到侧重的选题方向，然后进行创作。比如账号**@别闹了美越**（见图 3-17），他的技能是英语，他就利用自己英语特长，用英文进行街头采访。

你的技能点是什么？

英语学习方法	化妆技巧	文化礼仪	职场技能	唱歌
减肥	绘画	运动	读书	美食
方言	宠物	好物推荐	舞蹈	摄影
穿衣搭配	健康养生	励志/情感	搞笑段子	即兴表演

图 3-16　分析技能点

图 3-17　@别闹了美越街头英文采访

当然，账号的创作时间，即更新频率和周期是不一样的。例如美食探店号，从选店开始，到与商家洽谈合作，选定拍摄日期、拍摄素材、制作成品，需要好几天的时间，如果中间发现某个环节出错，或者制作完成后的作品不符合预期，那么彼此还需要再沟通寻求解决的方案，导致影响创作进度，也延迟了更新时间。而像口播教学号、育儿号，人物本身就掌握了领域的知识，也很了解行业痛点，加上后期剪辑，基本上几个小时就能搞定一个作品。

我们随意打开一个百万粉丝的账号，其中的视频数量都是几十上百个。运营抖音号，不是短期的爆发，而是长期的运营，稳定可持续的更新与发布才是短视频账号运营之道！如果一个账号一个星期才更新一次，那么是属于低投稿量；如果一个月才更新一次，不仅粉丝会忘记你的存在，抖音系统也会减少作品的推荐。创作者想要保持正常的活跃度，建议每周更新 3～8 个视频，当然它不是一个硬性的标准，如果你确实有发布的需求，那么可以在作品质量够优质的情况下提高产能，从而提高账号的权重数值。

二、寻找和拓展自己的选题创意

(一)主要选题类型分析法

表 3-2 中的四种选题方向是大部分人所需要的。

表 3-2　选题方向

选题类型	观点干货类	情感心态类	新闻热点类	娱乐搞笑类
价值	需要技能指导	心灵慰藉	资讯焦虑	生活解压

第一种类型是观点干货类。这种选题就是利用你过去积累的行业经验和了解的行业知识来对一个观点进行干货性的输出。这种类型视频可能点赞量、播放量没那么高，但没关系，只要你能吸引到精准的粉丝都是可以的。

第二种类型是情感心态类。我们时常会被抖音上一些情感充沛的小视频打动，有时是感动，有时是愤怒，有时是心酸。这些情感类的视频为什么能触动用户，获得如此高的点赞和关注？因为情感类的视频本质上是满足用户追求认同和避免排斥的需求。正因为今天人们时常在现实中有挫败感，所以更需要在虚拟世界中得到满足感和成就感，而情感类的短视频恰好能满足这类需求。

第三种类型是新闻热点类。这种类型对时效性的要求会比较高一些，如果发布得比较晚，基本上就没有流量了。而且因为发布的内容过于大众化，很难做出自己的特点，不太利于后端的变现，所以不太建议大家一开始就去做这种类型的账号。

第四种类型是娱乐搞笑类。这是抖音上目前内容最多的一种类型。建议大家刚开始做账号的时候，可以从这种类型入手，因为大家了解自己的笑点在哪里，清楚什么内容更容易被你周围的和你想要吸引的这部分年轻的人群所接受和关注。

(二)圆圈分析法

抖音的规则是根据视频创作者发布的内容、观众的观看习惯给两者都贴上一系列“标签”。如果能有一个定位准确的抖音号，持续推出垂直的作品，系统在推荐池匹配时，能够把作品推给更精准的、具有相同属性标签的用户。在抖音平台选择自己的细分赛道，比如我们选择舞蹈赛道，用圆圈分析法，对**@不齐舞团**（见图 3-18）进行更加精细的定义。如图 3-19 所示，他属于第二圈赛道的男生舞蹈。精确一些，他是男团舞蹈，进入第三圈。再精确一些，进入第四圈，就会更加准确地贴上标签“男团广场舞”。我们用圆圈分析法可以不断细分他的赛道，选题是针对广场舞类型，粉丝的黏性会更强。

图 3-18 @不齐舞团

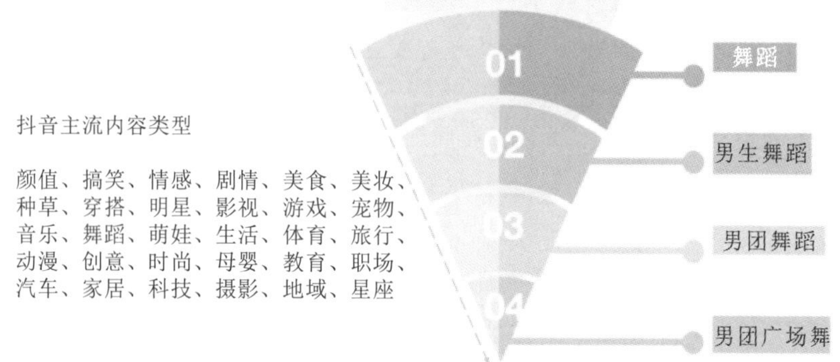

图 3-19 圆圈分析法

（三）行业日历法

在某个垂直领域里面行业大事记的日历（见图 3-20），对特定的用户有直接帮助。比如 9 月的节日有教师节和中秋节，10 月有国庆节和重阳节，11 月有“双十一”，12 月有“双十二”和圣诞节等。

我们可以根据日历上的节日来定一些特定的选题，从而提高视频的流量。

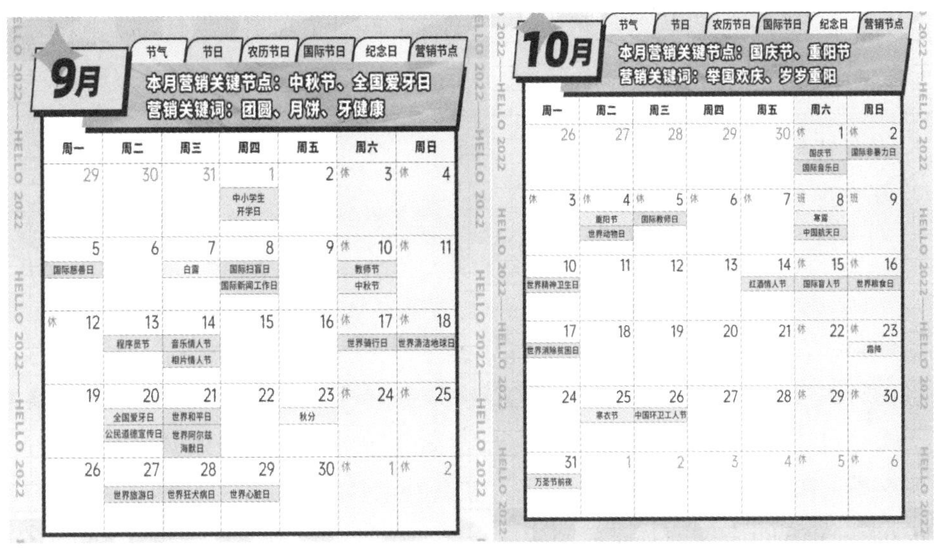

图 3-20　行业日历

任务评价

表 3-3 为学生的选题库表格，假如你是一位教育博主，请用以下问题对选题进行分析。

表 3-3　选题表

问题	学生特色	学生填写	分值	学生得分
我喜欢做什么？	哪个领域的教育呢？		20	
	内容上喜欢做什么呢？		10	
	技术上倾向做哪种形式呢？		10	
我能做什么？	你能做这个领域吗？		10	
	你能做这种类型的内容吗？		10	
	技术上可以完成以上内容的输出吗？		10	
我怎么做？	很具体		10	
	话题自建栏目		10	
	不断深挖及优化		10	

知识链接

1. 学会根据账号做各种选题。
2. 进行选题的分析，填写表格。

任务三　账号的多维度包装

任务目标

1. 了解账号包装的重要性。
2. 账号多维度包装。
3. 视频封面和主页视频置顶。

任务描述

短视频账号包装是账号留给别人的第一印象，有助于展示账号的定位，提高账号的关注率。账号包装还可以帮助粉丝进行信息判断。粉丝可以点击账号主页进行查阅，如同查看朋友圈的内容。

任务分析

通过本任务的学习，学生能够对账号进行包装，包括头像和昵称的确定、账号简介的编辑、账号背景图的确定。对于开始发布视频的同学，能够学会封面的设计和主页视频的置顶。

任务实施

一、什么是账号的包装？

账号包装，就是对账号进行装饰。学会“包装”“打扮”，树立个人形象，才能够吸引别人注意。

账号包装包括五个维度：账号昵称、账号头像、主页头图、账号简介、账号封面。从这五个方面对自己的账号进行强化，让自己的账号更加具有吸引力。

二、账号包装的作用

一个好的名称和个性签名，是粉丝和用户记住我们的途径之一，也是非常重要的标签之一。设置符合自身定位的名称和个性签名，更容易被粉丝和用户记住。

正面积极是账号包装的基本原则，如果账号不正面，即便粉丝很多也不会有品牌价值，账号无法长久。账号包装的作用有：第一是建立账号在观众心中的第一印象；第二是充分展示账号定位；第三是增加账号的关注率。

三、账号包装

(一)设置账号昵称

1.三种取名公式

(1)让粉丝称呼你:

个人名字+定位,如"小红红小个子穿搭"。

(2)让粉丝记住你:

个人名字+行为,如"小红红教你职场穿搭"。

(3)让粉丝了解你:

地位/职位+个人名字,如"服装设计小红红"。

2.抖音账号取名指南(见表 3-4)

表 3-4　账号取名指南

需求	方式	案例
个人 IP	突出个人	李佳琦、李子柒
	突出兴趣	一字马女神、警花说、纽约酱
	突出行业	设计师阿爽、小泽摄影、小美食谱
品牌 IP	突出品牌	小米、李宁体育

注意:账号名称的字数在 7 个字以内为佳,有记忆点,不用过于复杂的字。

我们也可以参考全网千万粉丝账号的取名方式,如图 3-21 所示。

图 3-21　全网千万粉丝账号

3.账号取名的注意事项:

(1)容易识别:规避名字同质化和生僻字。

(2)容易记忆:名字不能太长,容易记不住;名字不能太短,容易同质化。

(3)贴合定位:用户通过名字即可了解账号内容;昵称要朗朗上口,让用户容易记住。

(4)体现价值:昵称能体现出你将提供的价值。

(5)用英文名要取一个中文名放在前面,取完名字要去搜索看看能不能搜到。比如@**房琪kiki**,如图 3-22 所示。

图 3-22 @房琪 kiki

(6)尽量不要加一些特殊符号。

(二)账号头像

账号头像,就是用户对你的第一印象。第一印象好,用户就很容易通过点击头像进入你的个人主页。头像尽量选用和表达内容相关的图片。

常见的三种头像类型

1.文字型:突出专业度,如@**央视新闻**(见图 3-23)。

图 3-23 文字型头像

2.漫画型:突出账号达人的有趣,如@**下铺阿豪爱偷吃**(见图 3-24)。

图 3-24 漫画型头像

3.形象照型:丰富形象,如@**维维啊**(见图 3-25)。

图 3-25 形象照型头像

根据账号内容定义头像,如果是专家形象,我们可以选择形象照片;如果是科普达人,我们可以选择用文字型、漫画型的照片。

账号头像禁止出现二维码、手机号等引流方式。

(三)主页头图

主页头图,也叫背景图,其尺寸为 1125px×633px。

主页头图的作用是丰富形象、突出优势,对树立个人品牌形象至关重要。

背景图主要是让陌生人知道你是认真准备做账号的一个人,可以展示跟你的账号相关领域的信息或者是关键字,也可以在你的背景图上有一些信息的提示,如果有定期做直播的也可以把时间放上去。

主页头图有三种形式,如图 3-26 所示。

1.刻画账号:

强化账号形象,加深用户对账号内容的印象,如“零基础学专业瑜伽”。

2.刻画人设：

KOL 出境，加深人设在用户心中的印象，如@**年糕妈妈**等。

3.引导关注：

例如：“戳这里，加关注哦！”“点这里都是我的人！”。

刻画账号

刻画人设

求关注

图 3-26 主页头图形式

(四)账号简介

1.简介的位置：位于头像、名字和认证下方，如图 3-27 所示。

2.简介的作用：辅助人设，为账号打上标签，让粉丝一目了然，同时深化个人形象。

简介上面可以写的内容有很多，可以说是第二个广告位，可以发广告业务、公域流量转私域流量、商务合作等等。

3.三种简介模式：

(1)优势＋经验，比如：

18 年保险从业经验；

擅长家庭保险规划，服务近万人。

(2)地位＋事迹，比如：

国家理财规划师；

曾在多家大型保险公司任职。

(3)独特点介绍，比如：

××保险创始人，别人不敢说的我来说。

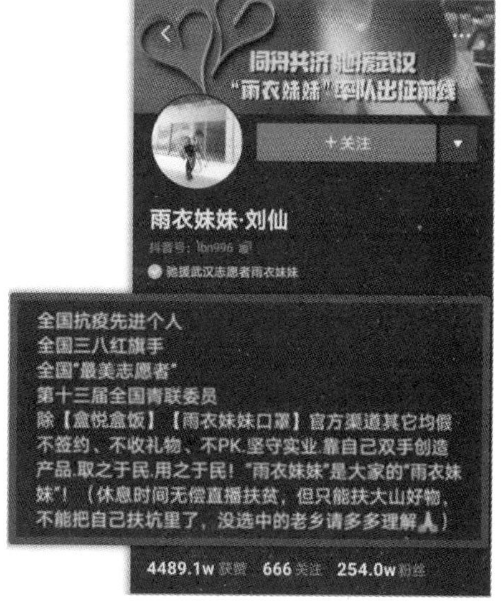

图 3-27 账号简介

(五)封面

很多人会忽视封面的设置，但是我们不要放弃任何一个可以传达信息的地方。用户点进主页，一眼看到的就是每个视频的封面。封面统一、标题清晰、图片内容选用一致的内容表达，做到这一点就能和大部分人拉开差距了。

1.封面制作的注意事项

(1)风格统一。选取某种类型就持续使用，让用户形成记忆点。

(2)格式统一。用 PS 或者 Pr 统一导出。

(3)安全框。制作封面时不超出安全框，否则页面显示不全。

2.封面的类型

(1)人物形象类

方法:从视频中截取的画面,适合生活类账号,如图 3-28 所示。

图 3-28　人物形象类

(2)卡片模板类

方法:由文字、图示、人物形象等多元素组成。适用于测评、“种草”、美妆、汽车等,如图 3-29 所示。

图 3-29　卡片模板类

(3)三合一封面

方法:用 PS 将长图分成三个部分,分别用于三个视频封面。

适用于影视解说、混剪、游戏账号等,如图 3-30 所示。

图 3-30　三合一封面

3.封面的基本要素

(1)确定主色调:冷色调、暖色调,根据账号属性定下整体格调属性。

(2)标题:在 10 个字以内突出重点,博人眼球,避免标题党。

(3)字体颜色:2～3 种,字号 120 磅左右。

(4)突出要素:主体要放在最突出的位置。

(5)封面尺寸:横屏宽高比:1920×1080,竖屏宽高比:1080×1920。

4.封面的制作方法

(1)用 Pr 设计。将视频停在想要的一帧上,点击节目窗口的“导出帧”,在弹出的窗口点击确定。

(2)用 PS 单独设计封面,后期的封面色调风格更统一。

(六)视频的置顶

1.置顶的作用

置顶作品的点击量会比其他作品更高,这是因为粉丝在回访时,点开头像,第一眼看到的就是置顶的作品,如图 3-31 所示。

那我们应该选择播放量高的作品置顶,还是选择完播率高的作品来置顶呢?这没有绝对的答案,这要根据我们的作品情况来选择。

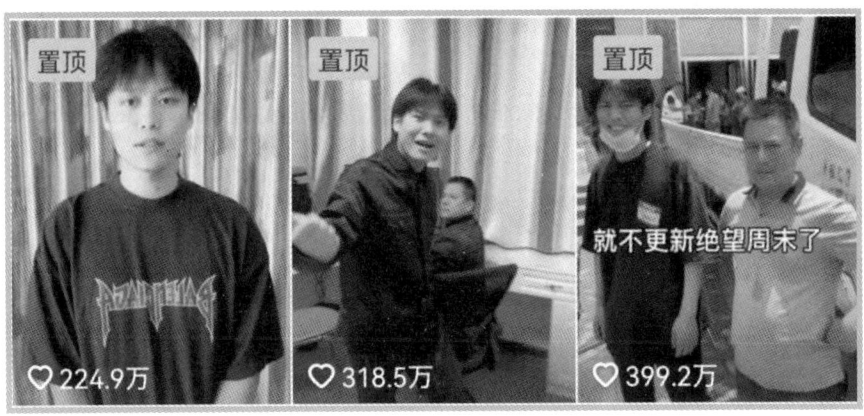

图 3-31 @疯狂小杨哥置顶示例

2.如何设置

设置视频置顶很简单，首先找到要置顶的作品，然后点击作品右下方的三个横向排列的小点，点击【置顶】，再点击【确定】就设置成功了，如图 3-32 所示。

图 3-32 置顶

任务评价

进行账号装修，如表 3-5 所示。

表 3-5　账号装修评价表

类目	学生特色	学生账号设置	分值	学生得分
账号装修	昵称的设置		20	
	头像的设置		20	
	背景图的设置		20	
	账号简介的设置		20	
视频设置	设计封面		10	
	设置视频置顶		10	

知识链接

1. 账号的装修,包括昵称、头像、背景图、账号简介设置。
2. 视频设置,包括封面的设计、视频置顶等。

任务四　爆款视频内容创作

任务目标

1.如何查看平台热点。
2.平台爆款视频的底层逻辑。
3.爆款视频的创意运用和差异化方式。
4.爆款内容创作的注意事项。

任务描述

很多制作短视频的博主可能都遇到过这种情况,感觉自己制作的短视频已经非常优质了,可各种数据就是上不去。面对停滞不前的播放量,最有效的突破口就是蹭热点。那么,到哪里找热点,又该如何蹭热点呢?

任务分析

视频的创作需要持续性,要想获得平台流量,平台热点话题少不了,包括热点事件和热点音乐等。我们要获得平台的热点,就要学会查看热点。

任务实施

一、平台热点

学会查看平台热点可以提高视频上推荐的概率,帮助视频上热门。

(一)查看抖音热榜(见图 3-33)

图 3-33 抖音热榜

1. 热点榜找话题

首先,你要找一个准确的话题定位。合适的内容很重要,符合你的账号定位,才能更加准确地被推荐给粉丝。视频内容可以参考平台热点进行模仿、发散、再生产的创意,或者平台热推话题相关内容。

2. 热点事件

热点事件是突然爆发的事件,它和节日不一样,不可提前预知。热点事件有可能一天之内火爆整个网络。这个时候我们拍视频就要考虑和热点事件结合起来,甚至将产品植入热点事件里头,制作一些相关的内容。被选入热点的作品就会被打上标签,收获属于自己的流量。

3. 挑战榜

抖音视频作品上标着“挑战榜”的就是热度高的作品,让其他玩家试着挑战一下,看看能不能超过。有些商家发起的一些挑战活动中还会设置一些奖励,奖励的获取一般都会通过视频的播放量或点赞量的排名来获得。

我们可以在抖音“创作者服务中心”申请挑战任务。打开抖音,点击【我的】,在右上角点击【创作者服务中心】,点击【全民任务】,选择一个挑战榜的任务,点击【立即参与】,查看任务要求,制作相关的视频上传即可。我们在发视频的时候可以把这个话题添加进去,这样就相当于参与活动了。

4. 申请关联热点

如果你的粉丝量超过一万，就可以申请关联热点。操作方法为：【申请关联热点】—【抖音热榜】—【热点小助手】—【进入】，如图 3-34 所示。

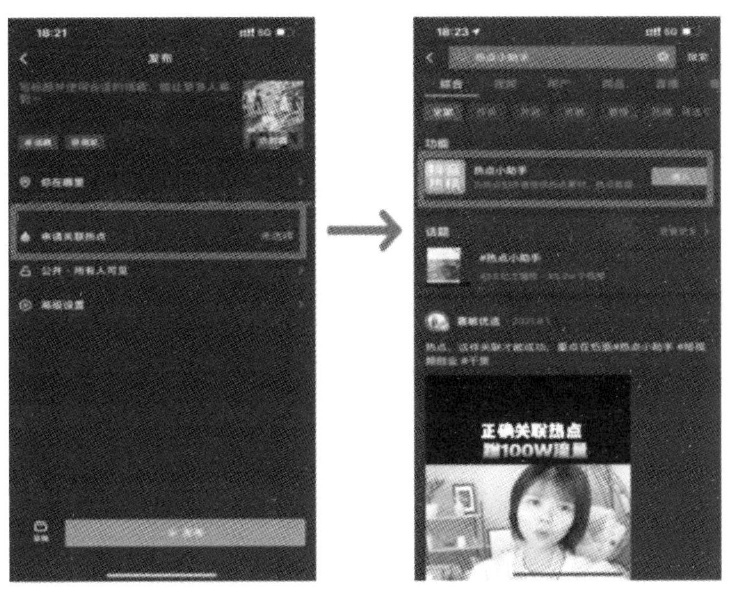

图 3-34　申请关联热点

(二)巨量算数

巨量算数是抖音官方推出的一个数据分析平台，这个数据分析平台可以从大数据角度分析与你做的商品最贴近的一些爆款词汇，如图 3-35 所示。

我们要在抖音发布一条视频，内容是关于零食——龙岩泡鸭爪，我们可以到巨量算数去搜索这个关键词。搜索出一些相关的热门话题，点击【关联分析】，我们可以看到有一些零食相关的话题，如图 3-36 所示。跟龙岩泡鸭爪这个圆圈挨得最近的，就是最近比较火的，比如泡鸭爪、香铭、福建特产三个话题。

图 3-35　巨量算数入口　　图 3-36　搜索结果

视频发布选择热门话题数量以 3 个为佳。话题过少，获得流量的机会也会减少，而选择过多，又可能不够精准。如果你的视频跟抖音热榜内容关联很大，那么就要选择添加合适的热点话题，去蹭一波流量。只要内容关联足够紧密，是很容易通过热点话题审核的。

（三）抖音热点宝

寻找抖音热点可以上抖音热点宝。抖音热点宝的官方网址为：https://douhot.douyin.com/，如图 3-37 所示。

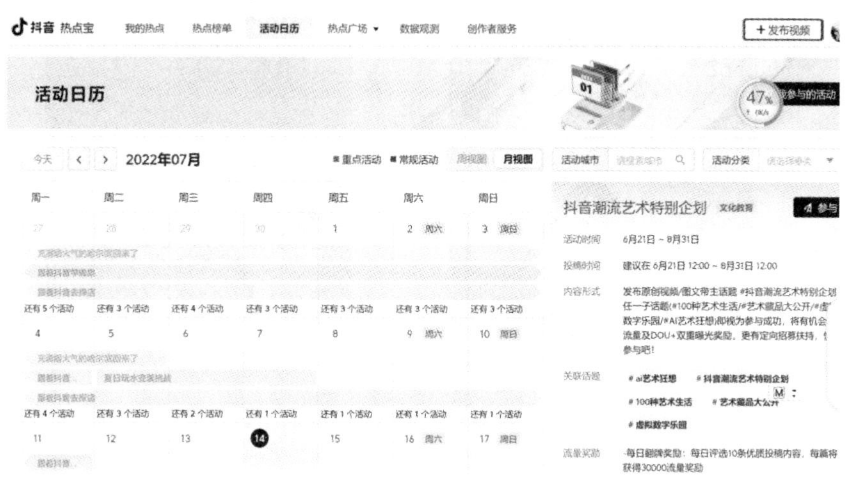

图 3-37　抖音热点宝

抖音热点宝的“实时热点”板块，可查看实时热点榜和上升趋势，如图 3-38 所示。

图 3-38　上升热点榜（实时）

在抖音热点宝热点广场的“热榜聚合”（见图3-39）中，可以订阅垂直分类爆款视频内容。

图 3-39　热榜聚合

还能查找热门关键词的热词趋势(见图 3-40)。

图 3-40　热词趋势

二、平台爆款视频的底层逻辑

为什么我蹭热点拍摄的视频数据不一定好?

为什么复制热门视频≠爆款视频?

爆款视频的底层逻辑是什么?

爆款视频内容包括 6 个要素:好看、有用、有趣、共鸣、稀缺、热点。

1.好看:视频中出镜的主角长得好看,颜值高;视频中的风景如画,让人耳目一新;剪辑的技术高,视频制作水平高,制作出来的视频让人赏心悦目等;都可以称为好看。

2.有用:视频内容可以让观众学习到一些知识,对观众有用,内容高于普通人的认知水平。

3.有趣:分享有趣的事情和生活,大胆地演绎出来。

4.共鸣:视频的内容让粉丝产生共鸣。如心灵鸡汤,说到人的心坎上;或者你阐述的观点与粉丝的人生观一样。再比如分享小学时和大学时的区别,穿个校服营造强烈的对比,很容易引起共鸣。

5.稀缺:表达出一个与别人不一样的点,体现出自身的稀缺度。

6.热点：紧跟热点，比如 2022 年初的“刘畊宏的本草纲目毽子操”“潘周聃”“你是我的神”等。

三、爆款视频的创意运用和差异化方式

爆款视频差异化包括四种方式。

（一）人设独特性营造

反差，比如女生做男生的事、男生做女生的事情、帅哥做油腻的事情。示例如图 3-41 所示。

图 3-41　人设独特性示例

（二）第一人称或第三人称视角

第一人称视角又称主观视角，参与感和沉浸感更强，如图 3-42 所示。第三人称视角又称路人视角，呈现的信息更多，营造在暗处看热闹的感觉，如图 3-43 所示。

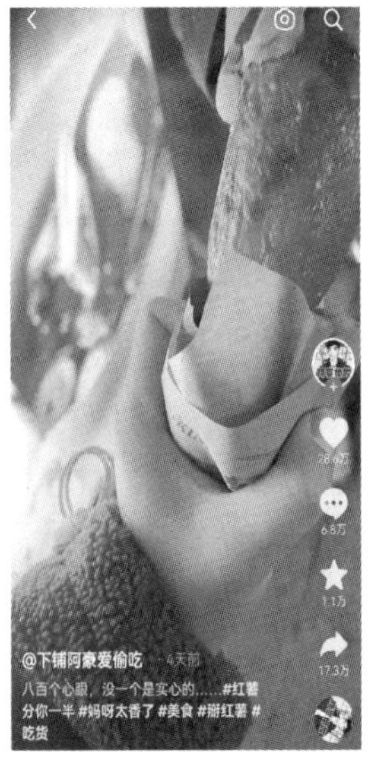

图 3-42　第一人称视角

图 3-43　第三人称视角

第一人称视角拍摄时要把视频当作我们的眼睛，镜头要有动感地晃动。路人视角拍摄时要拍出一种看热闹的感觉。

（三）创新节目形式

常见的类型：配音解说、配音字幕、模仿对比、精分短片，如图 3-44 所示。

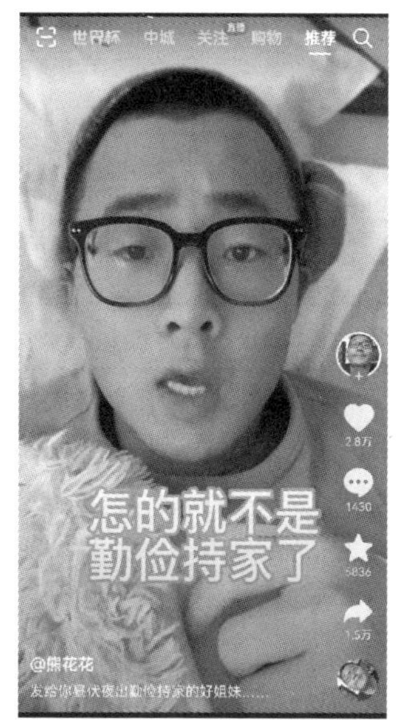

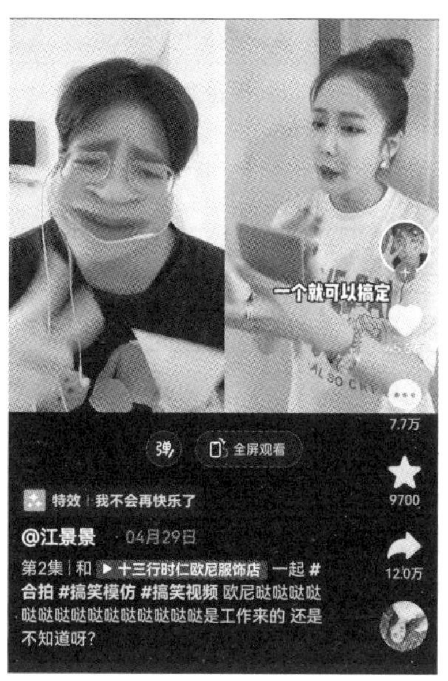

图 3-44　创新节目形式

（四）使用独家视频元素

独家视频元素包括：个性化声音、招牌动作、固定口头禅、方言等。

四、爆款内容创作的注意事项

我们要对爆款视频进行爆款元素的提炼，找到有什么元素或者创意是可以复用的。

视频开头：前 5 秒吸引注意力，塑造冲突。

视频中间：冲突升级，铺垫发展。

视频结尾：制造神反转，情理之中，意料之外（引发点赞）。

另外，在爆款内容创作的过程中，我们还要了解以下几种情况。

1. 视频画面质量好不等于视频数据好；
2. 自己喜欢看的内容，目标受众不一定喜欢；
3. 完美的剧情，往往不如有瑕疵的内容更能引起吐槽和互动；
4. 低质量的重复，不如一次用心的策划；
5. 字幕、滤镜、贴纸、特效、背景音乐，任意一个元素运用不恰当，都可能影响到视频的数据。

任务评价

通过平台的爆款分析，进行拆解分析，再进行二次创作，如表 3-6 所示。

表 3-6 爆款视频内容创作评价表

问题	学生特色	学生填写	分值	学生得分
寻找热门视频	对应爆款视频底层逻辑的哪一个？		10	
	拆解爆款内容，包括背景音乐、解说、出镜演员的表演、精分短片。		20	
	技术上、拍摄角度、拍摄道具，倾向做哪种形式呢？		20	
爆款视频的二次创作	你能做这个领域吗？		10	
	你能做这种类型的内容吗？		20	
	技术上，可以完成以上内容的输出吗？		20	

知识链接

1. 寻找热点的途径有哪几种？
2. 寻找对应领域的热门视频。
3. 拆分视频、背景音乐、出镜演员、道具，模仿拍摄相应的视频。

作业

查看热点视频及热点音乐，进行热门视频的模仿跟拍。

Project
Four

项目四　抖音文案的撰写

课程思政

文案对于短视频来说，可以说是画龙点睛之笔，能够调动用户的情绪。好的抖音文案更容易上热门，我们可以参考热门视频中的文案进行创新。我们应该发挥年轻人的创新思维，无论是发视频的文案还是在未来的工作中，都要有创新的思路，勇于打破固定的思维方式。

任务一　选题

任务目标

1. 充分理解选题的含义。
2. 熟悉选题的分类和原则。
3. 掌握选题的方法和技巧。
4. 如何呈现好选题。

任务描述

选题就是阅读点，是能够引起视频观看者心理共鸣的点，它反映了视频内容的主题思想，是内容题目和要点的总体设计。选题为内容创作者提供了方向，掌握了找选题的方法和技巧，有助于内容创作者保持长久的创作动力，选题是内容创作的必经之路。

任务分析

在本任务的学习和操作过程中，一定要掌握各组账号的选题方向和方法。好的选题能快速提升观看者的兴趣，决定了有多少人阅读；能够快速引起观看者的心理共鸣，也直接决定了有多少阅读量、点赞量和互动率；增加和吸引粉丝的关注。

任务实施

一、什么是选题

选题就是阅读点，是能够引起视频观看者心理共鸣的点，它反映了视频内容的主题思想，是内容题目和要点的总体设计。能否引起读者心理共鸣的点，是以用户视角为基础的，重点考虑创作出来的内容有多少人在看。

二、选题的分类

寻找选题与用户的相关性，内容与用户的生活越贴近，关系越密切，就越能够获得用户的青睐，我们要找到账号对应的粉丝群体画像，在账号后台分析他们喜欢的内容，然后根据他们的喜好生产内容。账号后台粉丝群体画像内容包括用户年龄、用户性别、地区分布、活跃时间、兴趣分类。

选题分为三种：常规选题、热门选题、系列选题。

（一）常规选题

常规选题就是账号最常出现的选题，它占到内容的60%以上，是最需要的选题。它的作用就是帮我们强化个性化的人设，让用户能看懂我们是干什么的，这个选题的拍摄能让用户感觉到创作者的专业。像图4-1中**@真的浪胃仙**，他的内容就是常规性选题，粉丝根据作者的抖音视频内容就能感受美食的诱人，能够让粉丝觉得创作者是专业的。

图4-1 @真的浪胃仙视频内容

（二）热门选题

热门选题就是捕捉当下热点，比如最近的热门音乐、热门话题等。我们需要考虑能不能将我们的视频和这些热点结合起来，遇到合适的热门商机一定要珍惜。像图4-2中王心凌的跳舞视频,就是热门选题,通过选用当时最火的背景音乐《爱你》(见图 4-2)吸引粉丝们观看。

图 4-2 热门视频

(三)系列选题

系列选题主要是通过一系列行为帮助用户解决核心问题,即通过一系列的视频说清楚一个问题。系列选题会让用户觉得你特别可靠,会为消费者考虑问题,能够增加用户对你的信赖感。像图 4-3 中**@王小骞亲子说**通过一系列的视频去讲述如何处理母子之间的关系,以此增加粉丝对作者的信赖感、依赖感。

图 4-3 @王小骞亲子说系列选题

三、选题的原则

(一)选题角度要引起共鸣

这是选题最关键的一步,现在抖音短视频的内容创作者日益增多,短视频的种类也越发多样,用户对于抖音展示的要求也随之提高,很多时候用户体验提升了,播放量自然就提高了。

对于抖音创作者而言,每一个视频都是其创作的一个产品,而产品要想得到用户的青睐,就必须能够为用户创造一定的价值,要让用户在使用过程中获得良好的体验。所以我们在规划内容选题时一定要问问自己,我们的视频内容可以为用户带来哪些实际好处,是否解决了用户的实际需求和痛点,话题痛不痛、有多痛,这些决定了视频的受欢迎程度。

(二)选题受众要广

每个选题都要有一定的受众基数,选题的受众基数越大,成为爆款的可能性也就越大。比如男女情感话题的受众几乎覆盖了抖音上所有的用户。

(三)选题要足够热门

玩抖音的小伙伴平时应该多注意热门的话题,因为热门事件自带热搜的功能,就像之前电影《哪吒之魔童降世》上映时,有很多参与电影的话题,所以要学会蹭热门。

(四)选题参与性要强

抖音是一款带有社交性质的视频应用,在打造短视频时要多与用户互动,互动性较强的短视频往往更容易引起话题,也更容易获得抖音的流量推荐和用户的认可。

四、选题的方法和技巧

选题的重要性不言而喻,如何找到一个好的选题,对大多数内容创作者而言却是一个难点。

(一)结合热点

结合热点是找选题时最重要的一种方法,即创作与热点相关的内容。结合热点的优势是自带受众基础和阅读点,用户在关注重大事件发生时,能够从这个媒体平台上得到关于该事件的解读,例如爆炸性娱乐新闻、现象级影视剧、社会突发事件、固定的重大社会活动等,都可以成为热点的来源。通常,内容创作者可以通过头条热榜、百度热点榜单、知乎热榜、微博热搜、豆瓣、虎扑等来挖掘热点。

网络热点可以分为三大类:突发性热点、常规性热点、预判性热点。

1.突发性热点多是娱乐圈明星的动态。突发性热点热度一般只能持续一周,需要及时响应,不然很快就过去了。另外,突发性热点也要注意是否与账号人设匹配,切忌任何热点都跟。

2.常规性热点。这类热点需要早策划,早准备,抢发布,可避开高峰期发布。比如在七夕情人节前一天发布七夕话题的作品。

3.预判性热点,是指稍加观察就能发现的热点,要快、准、狠地进行二次创作。

虽然结合热点是找选题是最简单易学的方法,但也存在一定风险,需要注意几个问题:(1)避免假热点;(2)热点过“热”;(3)热点失效。

(二)寻找大众性选题

热点选题是找选题的一大来源,但热点不常有,当没有热点可供参考时,就需要内容创作者寻找大众性选题,即能够引起用户普遍共鸣的话题。

1.大众性选题的判断

判断选题是否属于大众性选题,内容创作者需要具备捕捉大众性选题的敏感度。例如有一个选题是介绍济南。济南素有“泉城”之称,如果从介绍济南的泉水说起,用户就没多少参与感,但若换个角度,从修地铁的角度去创作就有不一样的效果,可以提升用户的参与感。毕竟很多城市的地铁是用户关心的一个话题,可以引起用户对城市交通的讨论,提高用户的参与度。

2.寻找大众性选题的途径

寻找大众性选题,内容创作者需要多观察,可以关注 QQ、微信、今日头条、微博、问答、贴吧、知乎等平台。只要是用户聚集的平台,都可以找到大众热议的内容。但需要注意的是,内容创作者在各种交流平台中寻找选题时,不能抄袭别人的观点或内容,只能找选题的切入点。

(三)从用户评论中寻找选题

评论是一个账号和粉丝互动的第一战场,一个团队的想象力是有限的,但粉丝会有很多新奇的想法,他们的创造力非常强,会给你很多新颖的提议。

有一种说法非常精辟:你有 10000 个用户,不如拥有 100 个核心用户,因为这 100 个核心用户会天天追随你,给你提意见。

所以我们可以多多引导粉丝在评论区给出意见,比如说探店的视频评论就会有粉丝说哪家店很好,可以去试一下。这样既能增强粉丝黏性,又提高了做爆款的能力。

(四)从热点中再创新

这种创新既结合了热点,又能把热点演绎得新奇有趣,非常容易引起用户的点赞和转发。有很多专门做热点创新的团队,他们都是把抖音的热点整合起来进行二次创作。创新性地把热点结合到一个完整的剧情里面,这也是目前非常被认可的一种形式。

五、如何呈现好选题

(一)多角度发散思维

多角度发散思维的方式,注重关键信息的三方比对,补充选题相关历史资料延伸。

(二)选题的角度

选题角度技巧有“三高”:

1.与日常生活关联度高;

2.与目标人群关联度高;

3.与近期热点关联度高。

任务评价

表 4-1 为学生的选题可行性分析表。

表 4-1 选题可行性分析

考核维度	分值	呈现内容	得分
选题共鸣度	25		
选题广度	25		
选题热度	25		
选题的参与度	25		
汇　总	100		

知识链接

1.根据技能目标对应的表格,精准确定各自选题。

2.可行性表格的填写。

任务二　标题和字幕

任务目标

1. 理解标题的含义。
2. 标题设计的三要素。
3. 撰写爆款标题的方法。
4. 字幕的类型及作用。

任务描述

标题是抖音视频的眼睛,非常重要,它能提高用户的点击率和停留率,带来用户的关注。展示位置决定流量,标题起到了锦上添花的作用。随着新媒体的发展,“标题+封面”成为信息传播的生命线。标题是爆款视频的必备要素之一,掌握了标题写作的方法和技巧,有助于提升视频的流量。

任务分析

吸引粉丝点开作品的是标题,而决定粉丝是否关注你的是内容。在抖音万千的热门视频中,吸引粉丝只有3~5秒的时间。在本任务的学习和操作过程中,一定要掌握自己账号的标题写作方法,好的标题能快速引起观众的兴趣,也直接决定了作品有多少阅读量,以及能否获得平台的更多推荐。

任务实施

一、什么是标题

抖音标题是抖音视频的“门面”、抖音视频选题的浓缩、抖音文案的核心体现,它反映了视频内容的中心思想，能起到引导用户观看的作用，提升阅读量和实现平台的精准推荐。抖音视频制作中所涉及的标题有两种：一种是视频发布时所编辑的标题；另一种是视频封面的标题。

二、标题设计的三要素

（一）用户相关性

用户相关性是找选题和设计标题的共性，如何在标题中设计用户的相关性，内容创作者需要注意七个方面：

1.语言通俗易懂；

2.对号入座，设计标题时要融入用户最关心的话题，与用户产生强关联性，引发用户的情感共鸣；

3.标题要清晰明确，具体地表达文章的主题；

4.不要让用户感到被贬低，要站在用户的立场；

5.在标题中明确用户群体；

6.把中心思想写在标题上；

7.在情感上建立关联。

（二）独特性

独特性的标题设计，可以为标题添加起伏、转折的元素，让标题更有看点，例如做一些对比，让用户有强烈的反差感等。如图 4-4 所示，台风“山竹”在广东过境的时候，很多短视频内容创作者起的标题就是故弄玄虚，例如“买好干粮在家哪也不去！”。

图 4-4　加特性标题示例

（三）悬念性

设计悬念是标题常用的一种手法，但一个好的悬念类标题不是故弄玄虚，而是巧妙地将疑点隐藏起来，将疑问留给用户，刺激用户观看视频的欲望。

三、撰写爆款标题的方法

(一)数字吸引法

数字标题是很常见的一种手法，逻辑清晰，能够一眼抓住用户眼球，使用户了解到这则视频内容的关键点。

图 4-5　数字吸引法示例

图 4-5 视频中的 8 万亿，是个很大的数字概念，一眼看去很吸引人。再看整体文字“央行消息：一季度人民币存款增加 8.07 万亿元”，整个文案指向明确、内容清晰，表现的是人民存款的增加数额。标题中的数字吸引了用户想了解的欲望，而且存款也与自己息息相关，拉近了与用户的距离。

(二)提出问题法

提出问题或者疑问能够强烈激发用户的好奇心，同一句话用疑问句的方式可能效果远远好于平淡无奇的文案。

图 4-6 的视频提出了一个问题：最不安全 8 款车，有你的车型吗？作为用户，可能心里已经在琢磨哪几款车是自己认为不安全的了，同时想看一看视频中的观点与自身的观点有没有出入，这就起到了一个很好的吸引继续浏览的作用。

(三)引发争议法

具有争议的话题会一直存在两种对立的观点，引发争议就是用普遍存在分歧意见的一些内容进行讨论。例如：爱情和面包的轻重和取舍，手机查岗是关心还是不信任？

这里的争议性话题是：复联和变形金刚谁更强？（见图 4-7）。复联和变形金刚都有忠实粉丝用户，谁也不会服气，所以我要先看看视频怎么说，然后在这个评论区写下我的观点。但是这种方法的使用场景有一定的局限性，只能在确实存在争议的内容上才可以使用。

图 4-6　提出问题法示例

图 4-7　复联和变形金刚谁更强？

（四）直接展示价值法

通过视频用户能够得到什么利益？可以是精神上的愉悦，也可以是某一方面的技能，或者是引发自我思考的观点。但是如果你的视频不能满足观众相应的需求或者利益点，那么观众可能没看完就会马上划走。

这种标题要求简单明了，直接点明这个作品能为用户带来什么价值。例如视频的标题直截了当地给出利益点，通过"PS 技能、P 掉文字"的关键词，吸引具有需求的用户来观看视频。

（五）蹭热点法

热点事件相关的词会增加短视频内容曝光的概率，这也就是大家常说的"蹭热点""借势营销"。

四、设计标题的注意事项

（一）避免标题党

在新媒体平台上，为了获取流量，而利用夸大的标题吸引用户眼球，就是我们常说的"标题党"。"标题党"会受到平台处罚，平台对"标题党"的判定包括：标题极度夸张、滥用悬念、滥用冲突、标题与视频完全不相符。

（二）字幕的类型及作用

视频字幕是对视频内容的强调，可以起到很好的解释和提示作用。

字幕分为三种：

1. 引导字幕：用于开头，解释场景和背景，引导用户迅速进入场景；
2. 强调字幕：用于画面复杂时，帮助用户了解某些重点和细节；
3. 补充字幕：用于仅通过视频无法表达出完整信息时使用。

任务评价

表 4-2 为学生的标题撰写评价表。

表 4-2　标题撰写评价

考核维度	分值	内容	得分
1. 用户相关性	60		
2. 独特性	20		
3. 悬念性	20		
汇 总	100		

知识链接

1.根据技能目标填写对应的表格，精准确定各自选题。

2.用户相关性的理解。

任务三　视频脚本策划与撰写

任务目标

1. 理解脚本的含义和作用。
2. 如何策划爆款脚本。
3. 脚本的撰写要素和注意点。
4. 如何对标账号撰写脚本。

任务描述

脚本是视频制作的一个说明书。它是通过文字的形式提前设定好一些情节和步骤，然后把它从文字的书面语言翻译成镜头语言的一个过程，也就是把它转化成一个注重视觉和听觉的语言的过程。

任务分析

脚本是视频制作的一个说明书，能够给视频拍摄提供一个提纲和框架，也是视频拍摄剪辑的重要依据，是完成高质量视频拍摄的保障。在任务的学习和操作过程中，一定要掌握脚本拆解和制作的方法。好的脚本能提升视频的拍摄效率和质量，也能更好地商业化。高质量的视频也直接决定了能否获得平台的更多认可和推荐。

任务实施

一、什么是脚本

脚本是剧本、拍摄计划、拍摄记录、演员占位、摄影分镜头等总计划的一个简称。基于抖音内容进化逻辑，只有越来越精细化的内容才能获得更多流量、更长的生命周期。在有限的时间内，尽可能进行更多的内容输出，加入争议点、情绪点、记忆点等，即使看似随意的段子、剧情，都是经过巧妙的预埋和策划的，如图 4-8 所示。

二、脚本的作用

(一)提高视频拍摄视频效率

脚本本身就是短视频的拍摄提纲、框架。有了这个流程和框架，相当于是给后续的拍摄、剪辑、道具准备等做了一个流程指导，就像我们写文章一样，会先列一个提纲，然后根据提纲去拓展创作，这样写起来思路更清晰、效率也更高。

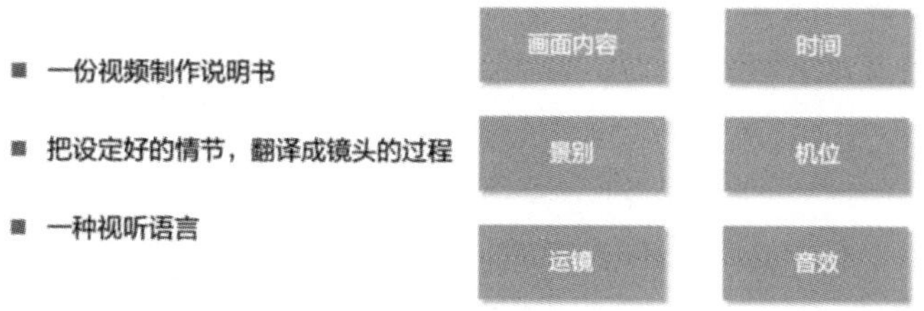

常规的Vlog脚本，主要包含画面内容、景别、文案

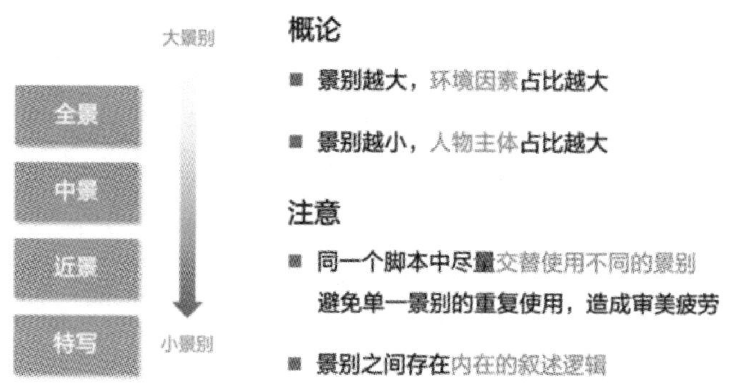

图 4-8　脚本策划

（二）提高视频拍摄质量

虽然我们的短视频大多是在 30 秒左右，带货短视频可能更短，15s 左右，最长也不会超过 60 秒，但是，如果想要基础流量高、转化率高，必须精雕细琢每一个视频里面出现的细节，包括景别、场景布置、演员服化道准备、台词设计、表情等，还有音乐的配合、剪辑效果的呈现等等，这些都是要在脚本里呈现的。

（三）提供给甲方

如果这条短视频是商务短视频，那么脚本需要提供给甲方，让甲方了解创作意向，在甲方确认没问题之后再进行拍摄；如果没有脚本就直接输出视频给甲方，若甲方不认可就需要重新进行拍摄，从而导致浪费大量的人力物力。

三、如何策划爆款脚本

（一）脚本的分类

脚本的类型有：拍摄提纲、文学脚本和分镜头脚本。

1.拍摄提纲。拍摄提纲是为拍摄一部影片或某些场面而制定的拍摄要点。在拍摄之前把需要拍摄的内容列出来，形成一个粗糙的框架。

2.文学脚本。文学脚本是对各种小说、故事进行改编，方便以镜头语言来表达的一种脚本方式。把需要的素材和细节填充到拍摄提纲中，使脚本变得更加完整。

3.分镜头脚本。分镜头脚本是将文字转换成立体视听形象的中间媒介，主要是根据解说词和文学脚本来设计相应画面，配置音乐音响，把握片子的节奏和风格等。分镜头脚本是最常用到的，也是三种脚本中最完整的。

(二)脚本撰写的三步骤(见图 4-9)

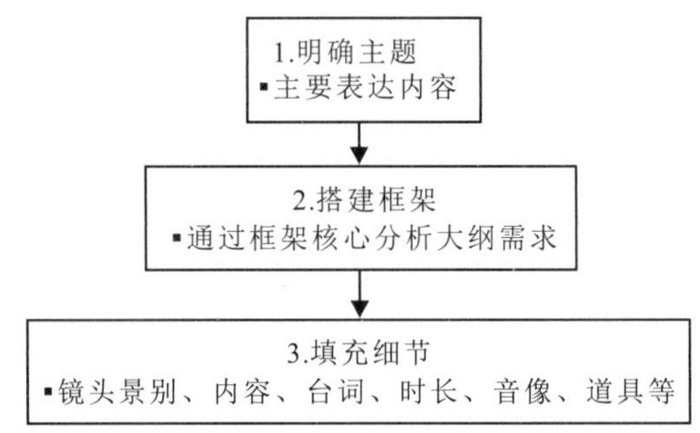

图 4-9 脚本撰写的步骤

(三)优质内容的判断维度

优质内容一般来说会有两个特点:一是普适性,二是特殊性。

1.普适性。脚本所描述的事件或者想要表达和传递情绪,或者拍摄的画面,它本身是能够唤起大部分人的共鸣的,如图 4-10 所示。

图 4-10 普适性

2.特殊性。特殊性有几种,一种是你自己有别人所没有办法去提炼的特殊经历,比如像**@吃遍北京**这个账号最早是主播去体验,比如 10 万块钱一晚的这个酒店房间到底是什么样子,3000 块钱的下午茶到底能吃到什么东西。这都是一般人体验不到的。另外一种是去颠覆大家的认知,如图 4-11 所示。

图 4-11 特殊性

(四)万能脚本模板

选题:设置覆盖范围广的话题,让用户产生共鸣;

开头:前 3 秒吸引人,设置悬念,调动用户情绪;

事件:切入主题,带动用户情绪进入设定的场景环境,设置争议点吸引用户注意力,引发议论;

设置转折：用户以为下一步是 A，突然转向 B，让用户意想不到，深化沉浸感；

总结/收尾：将情绪推向高潮，让用户情绪完全释放出来。

（五）脚本的四个内核：话题、角度、落点、框架（见图 4-12）

【话题】	【角度】
#深夜“放毒”美食诱惑# ▪每个年轻人都有过熬夜肚子饿的经历，通过泡面、牛肉干、鸭腿等随手可见的小零食唤起用户的共鸣 ▪通过吞咽咀嚼等细节增强粉丝的代入感，引发粉丝的饥饿感从而产生购买欲望	#熄灯后的女生寝室# ▪角度是叙述话题、表观观点、传递情感的切入方式 ▪特定时间段：熄灯后的女生宿舍 角度：大学生寝室+美食测评+微剧情
【落点】 #手工制作网红美食# ▪落点是价值观或者解决方案之一，或者是一种大众情绪 ▪落点：以美食+轻剧情的方式，降低用户的观看负担，用夸张的肢体语言+口头禅打造人设	【架构】 #呈现制作完成的过程# ▪架构是从角度抵达落点的过程 ▪通过准备原料、手工制作、成品品尝/失败展示等步骤，引发用户的好奇和持续关注，带动完播

图 4-12　脚本的四个内核

（六）如何对标账号撰写脚本

对标账号撰写脚本，首先拆解要点。

(1)时长：(关注完播率)。

(2)剧情梗概/主题：(用一句话概括)。

(3)人设特点/账号特色。

(4)看点：笑点、梗、猎奇的事物、冲突的剧情等。

(5)拍摄手法：第一人称视角；第三人称视角，例如闺蜜视角的拍摄形式，将镜头人格化；客观视角，例如跟拍、传统影视拍摄手法。

(6)使用了哪些背景音乐、音效、表情包。

(7)使用了哪些特效、剪辑手法。

(8)热评关注点。

(9)其他补充。

2.拆解分析

如**@玲家女孩**，玲玲的人设特点是大大咧咧的女大学生，爱运动，热情大方，有一群舍友经常互怼互相关心。

(1)时长：2:01。

(2)剧情梗概/主题：玲玲在大学期间与舍友相处的一些画面。

(3)人设特点/账号特色:玲玲是个性格开朗大方的女孩,与舍友相处的日常打闹、互相帮助。

(4)看点:同学之间的友情,感动,女生之间细腻的感情。

(5)拍摄手法:第一视角拍摄,后期配音。

(6)使用了哪些背景音乐、音效、表情包:无背景音乐、音效,少量表情包。

(7)使用了哪些特效/剪辑手法:无特殊剪辑手法。

(8)热评关注点:校园、闺蜜、感动的瞬间等。

(9)其他补充。

3.拆解分镜头脚本(见表 4-3)

表 4-3 拆解分镜脚本

镜头	时长	场景	画面内容	景别	声音	备注	目的
1	7s	运动会的操场上	拍摄学校的旗帜迎风飘扬,秋季运动会上激烈的比赛场面。玲玲穿着比赛的服装和运动鞋,参加接力赛	中景	“咦,怎么还是那么冷啊?”	表情包:1.小孩冷;2.狗刨	突出人物与环境的反差,勾起观众的兴趣
2	7s	赛场上	特写玲玲的脚,跑得太快,脚崴了	特写	“啊!”		体现人物的反差感
3	3s	休息地	医护人员把玲玲背到大本营	近景	“唉,出身未捷身先死!”	表情包:小孩头大	展示人物的反差感
4	5s	大本营	不一会儿,宿舍的舍友全部都到齐了。拿药的拿药,揉脚的揉脚,安慰的安慰……	近景	“没事,坚持住啊,咱是女汉子啊!”		展现出关心的画面
5	7s	大本营	舍友们一边打趣,一边冷敷玲玲的脚,还帮她捶背	特写	舍友:“谁让我们是天生的劳碌命呢,你绝对是个享福的命!” 玲玲笑了:“享福命,那是必须的!”	表情包:狗头笑容	体现人物之间的友谊
6	3s	大本营	轻轻撮了一下玲玲肿起来的脚	特写	“啊!!!!!!” “打人不打脚啊,我现在还是伤员,我说错了~!”		体现风趣的语言风格

续表

镜头	时长	场景	画面内容	景别	声音	备注	目的
7	6s	大本营	舍友从包里掏出橘子,用纸巾擦一下,一边剥开一边喂玲玲吃	特写	玲玲:"以后生病请多多关照啊!"		体现人物之间的友谊
8	2s	大本营 自然环境	玲玲的表情,感动地流下了泪水	特写	自然环境音		逻辑衔接,感动的泪水
9	2s	自然环境	音乐响起,拍摄夕阳温暖的样子	远景	"感动,往往源于瞬间,感动也许是一句问候,一个动作,每个人都有被感动过。"	表情包:流泪	表达友谊的升华

任务评价(见表 4-4)

表 4-4 视频脚本策划与撰写评价表

考核维度	分值	内容	得分
话题	25		
角度	25		
落点	25		
框架	25		
汇总	100		

知识链接

根据技能目标填写对应的表格,精准确定各自的选题。

作业

1. 选择一个对标账号爆款视频,完成分镜脚本的拆解。
2. 撰写一份账号视频脚本。

Project
Five

项目五 拍摄与剪辑

课程思政

拍摄中的推、拉、摇、移、跟、甩镜头，后期的炫酷镜头，旁白、背景音乐，所有的这些后期操作都是通过大量的实践来获得的。这就告诉同学们“有知识的人不实践，等于一只蜜蜂不酿蜜”。我们在学习理论的同时，千万别忘记了要自己动手亲自试一试，只有不断地拍摄和剪辑，你的视频作品才会变得越来越出色！

任务一 手机摄像基本操作

任务目标

1.熟悉手机原相机操作界面。

2.掌握手机拍摄基本参数调节。

3.掌握慢动作、延时摄影的拍摄方法。

任务描述

移动互联网时代，人人都能成为图文视频信息的传播者。专业数码相机携带不便、操作烦琐，而一部智能手机基本就能满足新媒体人的日常拍摄需要。无论是拍摄照片还是录制视频，大多数手机都能提供较为专业的功能和相对优质的画面效果。

现需要你运用一部智能手机完成基础的视频录制，在此过程中熟练掌握手机原相机视频录制的各项功能，进行创意拍摄。此外，在掌握基本的拍摄之余，能够拓展使用相关拍摄软件，进一步补充拍摄需要。

任务分析

当前市面上各类智能手机都具备较丰富的拍摄功能，而大多数使用者未能对手机相机各功能进行较充分的挖掘。充分了解并运用手机自带的相机功能，辅以其他拍摄软件，能够让我们的视频拍摄更专业、画面更美观。以 iPhone 手机为例，视频录制可以根据当前拍摄光线情况自动调节曝光，并提供视频录制的不同格式选择，此外还具备延时摄影、慢动作录制功能以及构图辅助线等，拍摄功能较为齐全、操作相对便捷。

在本任务的学习和操作过程中，需要你熟悉手机视频录制的操作界面与功能使用，例如拍摄分辨率、帧率的选择，焦距和曝光的调节，慢动作和延时摄影的使用，并根据拍摄的目的和需求对功能进行合理选择。

任务实施

1.操作准备：一台具备摄影摄像功能的智能手机，选择合适的拍摄对象。

2.操作实施：

(1)手机相机的基本参数调节(以 iPhone 手机操作为例)。

步骤一：打开相机设置可以选择视频录制不同格式，如图 5-1、图 5-2 所示。

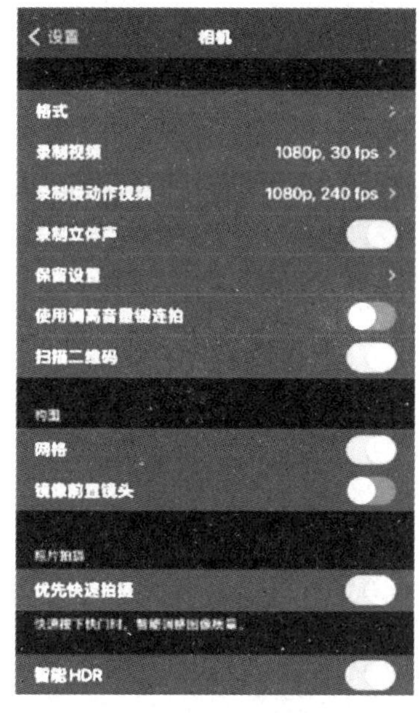

图 5-1　视频录制

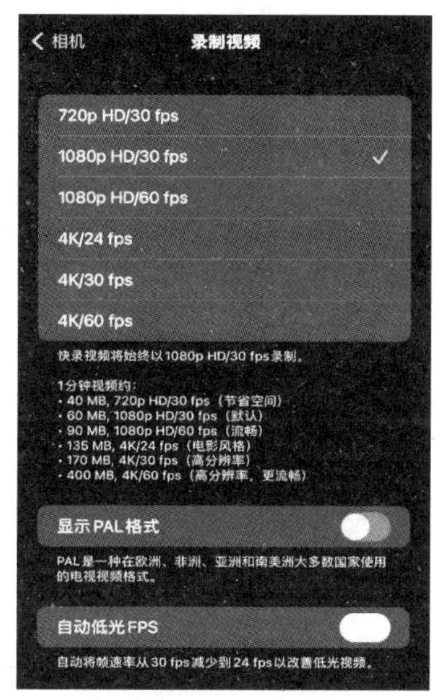

图 5-2　视频录制格式设置

点击录制视频，有不同分辨率和帧率选择，系统默认为 1080p HD/30fps。1080pHD 表示高分辨率 1080p，录制帧率为每秒 30 帧画面，分辨率和帧率越高，所占存储空间越大、画质越高。

步骤二：打开相机设置按钮，如图 5-3 所示，选择开启网格，则会在拍摄界面出现九宫格样式，如图 5-4 所示，能够辅助拍摄者进行构图。

步骤三：打开手机相机，找到视频按钮，通过两指头缩放变换拍摄焦距，如图 5-5 中焦距为 1.6 倍，图 5-6 中焦距为 0.7 倍。

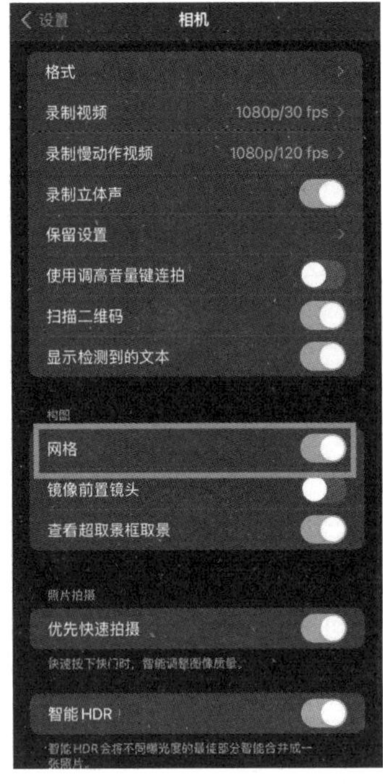

图 5-3　开启网络

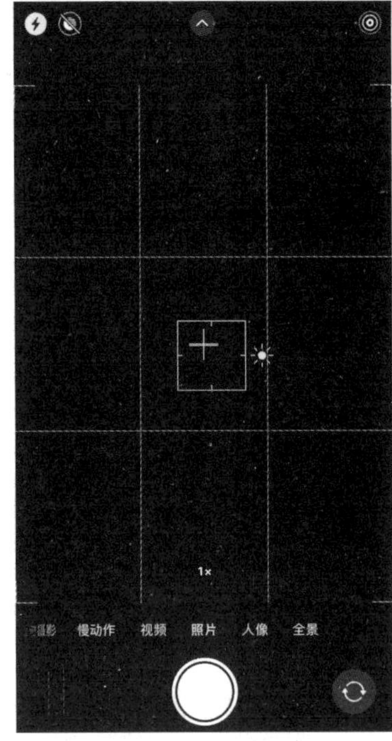

图 5-4　九宫格设置

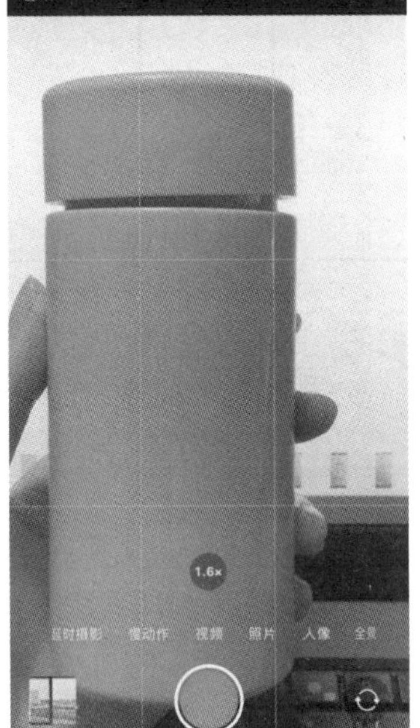

图 5-5　焦距 1.6

图 5-6　焦距 0.7

焦距倍数越大，画面显示离拍摄主体越近、视角越窄，有更好的背景虚化效果；焦距倍数越小，画面显示离拍摄主体越远、视角越广，有广角畸变效果，能将主体显得更高大宏伟。

步骤四：手动调节曝光，长按拍摄屏幕出现曝光调节光标，向上划动小太阳图标提升曝光量，如图 5-7 所示，向下划动则降低曝光量，如图 5-8 所示。

图 5-7　调节曝光

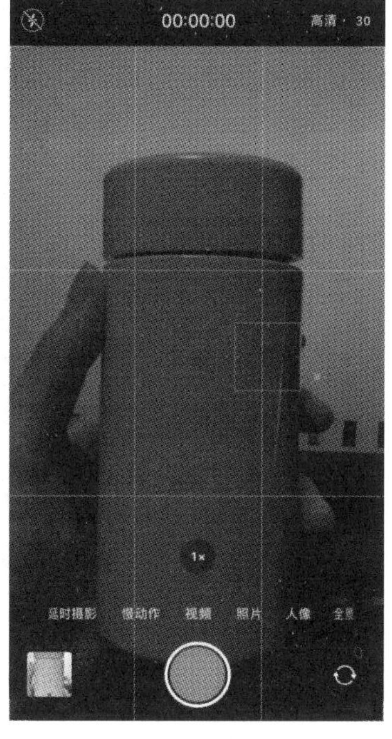

图 5-8　降低曝光

手机相机默认是自动模式，即相机自动调节曝光，通常情况下拍摄者可以不需要自行调节，但可根据拍摄所需进行适当调节。曝光较高，画面较为明亮，给人一种轻松愉悦的感觉；曝光较低，画面则较为暗，通常用来营造厚重神秘之感。

步骤五：按下录制按钮，录制过程中仍然可以变换焦距、多次调节曝光情况，再次按下录制按钮，一段视频即录制完成。

步骤六：点击左下角相册图标，可回放查看视频。

(2)录制一段慢动作视频。

慢动作拍摄指的是在拍摄过程中以高帧率进行录制，并以正常帧率进行播放，从而呈现播放时间拉长、慢动作放映的效果，具有电影镜头质感。操作如下：

步骤一：打开相机设置，如图 5-9 所示，点击录制慢动作视频。点开后有不同的录制帧率可选择(120fps 和 240fps)，如图 5-10 所示。帧率越高意味着同一单位时间内拍摄的帧数画面越多，故而播放拉伸的时长越长，播放倍速放得越低。

步骤二：打开手机相机，找到慢动作拍摄。

步骤三：按下录制按钮开始录制，再次按下按钮结束录制。

步骤四：点击左下角相册图标，可回放查看视频。

(3)录制一段延时摄影

延时摄影与慢动作录制相反，它以较低的帧率进行录制，并以正常帧率播放，使播放呈现出快动作放映效果、压缩拍摄时长，通常适合车流等画面拍摄。

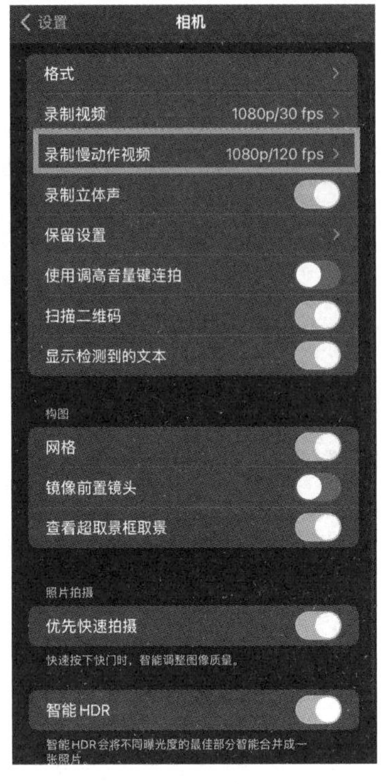

图 5-9 相机设置

图 5-10 频帧设置

步骤一:打开手机相机,划到延时摄影。

步骤二:按下录制按钮开始录制,再次按下按钮结束录制。

步骤三:点击左下角相册图标,可回放查看视频。

任务评价(见表 5-1)

表 5-1 手机拍摄任务评价

序号	评分点	分值	得分
1	能恰当调节拍摄焦距和曝光度,录制的视频曝光合理、焦距合适,具有一定审美	40	
2	能拍摄一段慢动作,展现拍摄物体动作变化细节	30	
3	能拍摄一段延时摄影,拍摄主体内容选择恰当	30	

知识链接

1.从简单拍摄到拍摄技巧。

2.玩转单反器材。

任务二　拍摄角度练习

任务目标

1.掌握不同拍摄高度的特点。
2.掌握不同拍摄方向的特点。
3.能够选择合适的拍摄角度进行视频拍摄创作。

任务描述

拍摄角度是一项非常重要的视听语言,对人物形象塑造、环境造型、构图表达等方面都有很大作用,是必须掌握的拍摄技巧之一。拍摄角度通常指高度和方向两个层面,拍摄高度包括俯拍、仰拍、平拍,拍摄方向包括正面、侧面、背面、斜侧面。针对同一被摄主体选取不同的拍摄高度和方向,会呈现出完全不同的画面效果,传递出不同的镜头语义。

本任务需要你选择一个物体或人物作为拍摄对象,运用不同的拍摄角度塑造拍摄主体形象、突出拍摄主体特性,可配以简单的旁白介绍。

任务分析

在拍摄高度上,俯拍可以展现浩大场景、表现人物的渺小,仰拍能够展现景物之高大、人物之伟岸,平拍则最贴近日常观看视角,是大多短视频拍摄采用的主要角度。在拍摄方向上,正面拍摄用于展现正面全貌,画面显得端庄,侧面拍摄有利于勾勒拍摄对象的轮廓,斜侧面可以更好地展现被摄主体的立体感,背面拍摄则能增加一定的神秘感。拍摄角度是拍摄过程中不可忽视的元素,合理的角度选取能够使画面表达更准确有力,例如运动中的被摄对象,常采用侧面俯拍来展现其运动状态。

在本任务的学习和操作过程中,需要你掌握不同角度的拍摄要点和表达内涵,并深刻领悟角度选择在画面镜头中的含义。

任务实施

1.操作准备:一台具备摄影摄像功能的智能手机,选定合适的拍摄对象。

2.操作实施:

步骤一:认识拍摄高度。被摄主体可静态可动态,分别从俯拍、仰拍、平拍三个角度进行拍摄取材。

如图 5-11 所示,俯拍是镜头由高处向下拍,给人以低头俯视之感;仰拍是镜头由低向高处拍,给人以仰望之感;平拍是镜头与被摄主体在同一水平线上进行拍摄。

图 5-11　拍摄高度

步骤二：认识拍摄方向。围绕被摄主体，被摄主体可静态可动态，从正面、侧面、斜侧和背面四个角度进行拍摄取材，如图 5-12 所示。

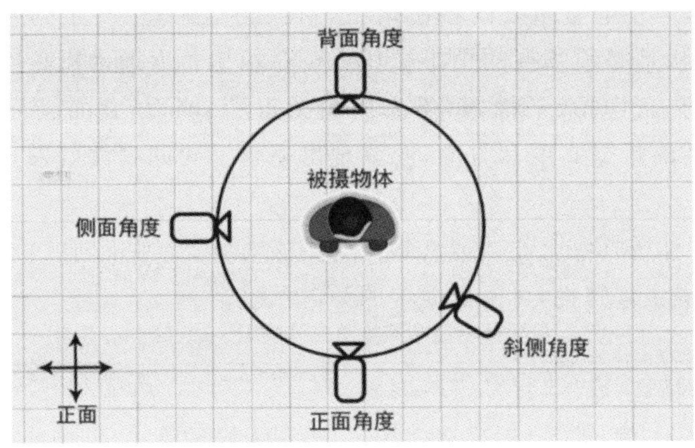

图 5-12　拍摄方向

正面拍摄在主体正前方，背面拍摄在主体正后方，侧面拍摄在主体左侧或右侧 90 度方向，斜侧面介于正面和侧面之间，还可细分为前侧方与后侧方。

步骤三：将所拍摄到的不同角度的素材进行取舍，完成一段全角度拍摄的视频的简单拼接，完整呈现被摄主体形象。

任务评价

请填写拍摄角度的内涵，如表 5-2 所示。

表 5-2　拍摄角度的内涵

序号	评分点	分值	得分
1	理解并掌握不同拍摄高度的内涵	25	
2	理解并掌握不同拍摄方向的内涵	25	
3	能够运用不同拍摄角度，塑造拍摄主体、凸显其特性	50	

任务三　拍摄景别练习

任务目标

1.认识景别的内涵和作用。
2.掌握五个基本拍摄景别的特点和语义。
3.能够根据需要选择合适的景别完成视频拍摄创作。

任务描述

景别是画面中最基本的镜头语言之一，是被摄主体在画框内所呈现出的范围大小。五个基本景别从远到近分别是远景、全景、中景、近景、特写。对同一拍摄场景、被摄主体，采用不同的景别进行拍摄会呈现完全不同的画面效果、传递不同的画面信息，景别的变化也能让视频内容更丰富，这就说明景别在拍摄中的重要性。

现需要你完成一个美食介绍类的视频创作，种类不限、场景不限，请自行设计一个两分钟以内的视频脚本，运用不同的景别组合进行拍摄，叙事流畅。

任务分析

不同的景别具有不同的叙事含义，景别的变化能够减少画面的枯燥乏味感。远景表现环境全貌，缺少人物细节但能够展现周围广阔空间，交代更多的环境信息；全景展现人物全身全貌和部分空间场景，突出人物与环境的交互关系；中景展现人物膝盖以上面貌和局部场景画面，交代人物与场景关系，关注人物动作信息；近景表现人物胸部以上，表现人物部分动作和情绪，环境退居次要；特写表现人物肩部以上头像部分或其他被摄主体的局部，突出放大细节。景别范围从大到小如图 5-13 所示。

图 5-13　景别

在本任务的学习和操作过程中，需要你明确景别的划分，深入体会不同景别的镜头语义，合理使用中景、近景、特写等景别进行拍摄，做到重点突出、画面美观、衔接流畅。

任务实施

1.操作准备：一台具备摄影摄像功能的智能手机，确定拍摄物体和出镜人员。

2.操作实施：

步骤一：熟悉不同景别的划分与特点，完成表 5-3 的填写。

表 5-3　景别的填写

景别	景别特点描述
远景	
全景	
中景	
近景	
特写	

步骤二：完成简单的脚本撰写，要求如表 5-4 所示。

表 5-4　脚本撰写

镜号	画面内容/台词	景别	角度
1			
2			
3			
…			

景别的选择要考虑到被摄对象的重要性，同时厘清被摄主体之间以及被摄主体和环境空间的关系。在进行景别设计时，要规划拍摄多种景别，有对主体不同角度的特写和全貌镜头，有对物品与人物、环境关系的镜头展现。注意相同景别和角度最好不要连续重复出现，以免造成视觉上的单一乏味，镜头间的排序可遵照景别循序渐进的方法进行衔接（例如：全景—中景—近景—特写）。

步骤三：根据脚本进行素材拍摄。

注意事项：(1)选取食物突出部分进行特写拍摄；(2)选择合适背景拍摄食物全貌；(3)选取或布置合适环境，营造整体氛围感，以环境衬托食物；(4)关注人物说话、动作和面部表情信息的传递；(5)关注人与物的交互关系。

步骤四：将拍摄好的素材做好标记存储好，导入剪映或其他手机剪辑软件完成初步的镜头组接。

任务评价(见表 5-5)

表 5-5　景别掌握评价

序号	评分点	分值	得分
1	能够说出五个基本景别的拍摄要点和特点	30	
2	掌握景别选择的要点,脚本撰写时做到景别选择和拍摄需求相匹配	35	
3	能够综合应用不同景别进行拍摄,对景别进行有逻辑的排列,做到画面衔接流畅	35	

任务四　运镜练习

任务目标

1.区分固定镜头和运动镜头。
2.掌握基本的运镜拍摄手法。
3.能够综合使用不同运镜方法进行视频拍摄创作。

任务描述

运镜是视听语言中相当重要的元素,是实现镜头表达的重要方式。运镜,即运动镜头,指摄像机在拍摄过程中发生了运动变化,包括摄像机机位、镜头焦距和镜头光轴的变化,这些变化带来更生动的画面塑造。不同运镜方法不仅给观众带来不同的观看体验,且有不同的镜头语义,掌握一定的运镜拍摄技巧,能够让我们的视频拍摄更富于变化、更加有质感。

现需要你根据自身账号类型定位,策划一期垂类视频内容,自行设计脚本,使用一定的运镜技巧完成拍摄。

任务分析

随着影像艺术的不断发展,运镜手段也在不断丰富,当前常见的几种基础运镜方法,包括推、拉、摇、移、跟、转、升降等。运镜的使用需要服务于内容拍摄的需要,避免纯粹炫技,在拍摄过程中并非每个镜头都要采用富有动态变化的运镜,固定镜头也是常用拍摄手法(即镜头位置、焦距、光轴不变,画框呈现静止状态)。在视频拍摄过程中需要基于画面内容表达、衔接流畅的要求出发,构思拍摄手法。

在本任务的学习和操作过程中,需要你熟练掌握推、拉、摇、移等基本运镜手段的拍摄技巧,立足于内容拍摄需要,运用合适的拍摄手法提升视频创作质量。

任务实施

1.操作准备:一台具备摄影摄像功能的智能手机、手机支架、手机稳定器。

2.操作实施:

步骤一:认识并掌握基本运镜手法

(1)完成推、拉镜头各一个

如图 5-14 所示,推镜头是镜头沿水平线连续向前运动,而对观众视觉空间进行调整和引导的一种手法,通过将镜头向被摄主体靠近、镜头焦距变大而实现,能够强调突出拍摄主体。拉镜头则相反,能够逐步交代被摄主体与所在环境的关系。

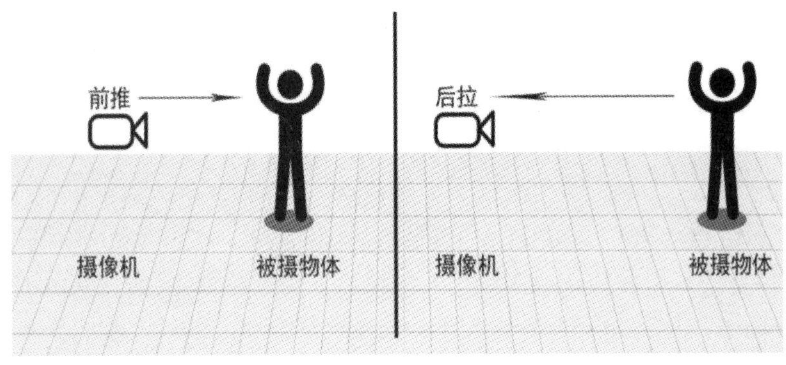

图 5-14 推拉镜头

(2)完成摇镜头一个

如图 5-15 所示,摇镜头是指机位固定不动,通过旋转镜头方向进行左右上下摇动拍摄,摇镜头通常能够展现同一空间不同拍摄主体间的关系。

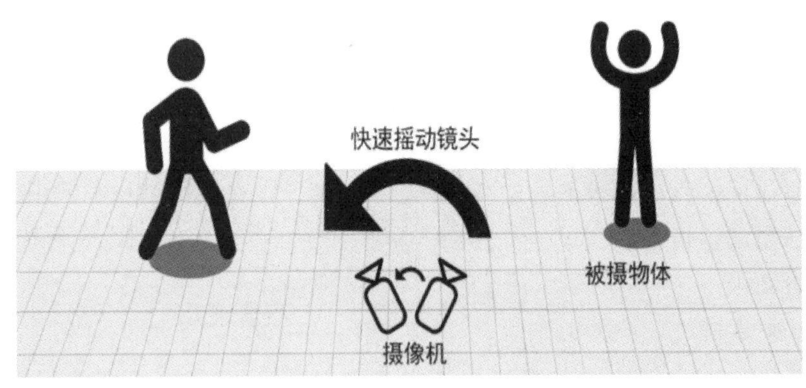

图 5-15 摇镜头

(3)完成移镜头一个

移动镜头是指镜头机位发生变化,通常是横向、纵向或是倾斜一定角度进行移动,通过移镜头能够展现较为广阔的场景或事物。

(4)完成跟镜头一个

跟镜头,即镜头跟随拍摄,要有明确的跟随主体,主体在画面中的位置保持稳定,镜头和被摄主体同步运动，如图 5-16 所示，摄像机同被摄主体始终保持一定的距离。跟镜头还可分为前跟、后跟、侧跟。

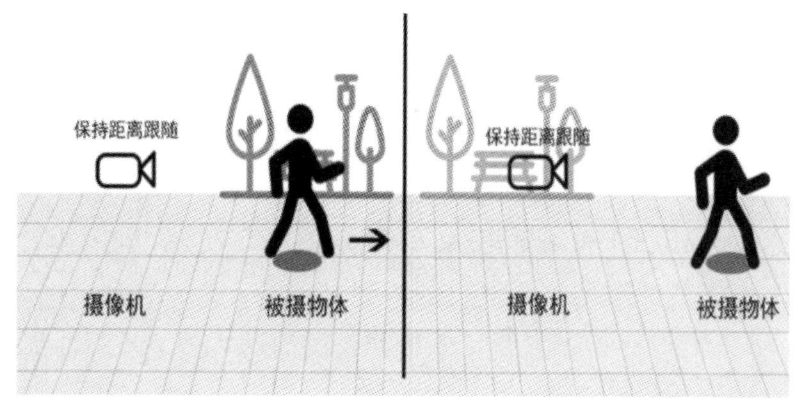

图 5-16 跟镜头

(5)完成旋转镜头一个

"转"指的是在拍摄过程中围绕某一拍摄对象进行 360 度环绕旋转拍摄，如图 5-17 所示，这种拍摄手法能给画面带来独特的环绕视觉效果，塑造人物内心情绪。

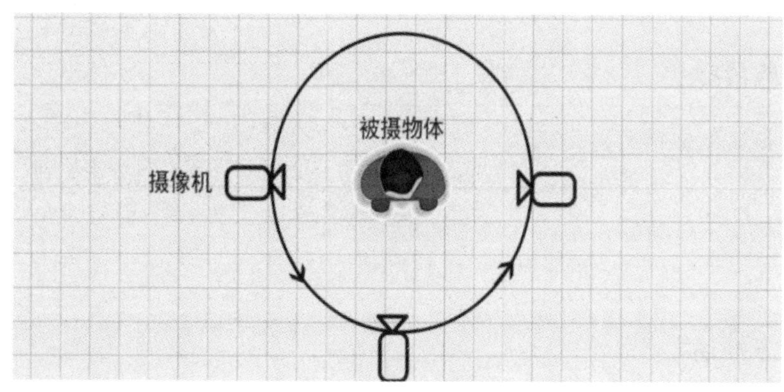

图 5-17 旋转镜头

步骤二：完成简单的脚本撰写，要求如表 5-6 所示，在拍摄手法一栏中填写合适的运镜手法。

表 5-6 脚本撰写

镜号	台词/内容	拍摄手法	景别	角度
1				
2				
3				
…				

步骤三：依据脚本完成拍摄。固定镜头拍摄可使用手机支架增强画面稳定感，其他运动镜头拍摄可搭配使用手持稳定器，以保证运动过程画面的流畅稳定。

步骤四:将拍摄好的素材做好标记存储好,导入剪映或其他手机剪辑软件完成初步的镜头组接。

任务评价(见表 5-7)

表 5-7 运镜任务评价

序号	评分点	分值	得分
1	理解运镜的作用,理解固定镜头和运动镜头的区别	30	
2	掌握基本运镜方法的拍摄要领,拍出有质感的运动镜头	30	
3	能够巧妙设计运镜手法满足内容拍摄需求,使视频整体更具可看性	40	

任务五 拍摄视角练习

任务目标

1.掌握拍摄视角的内涵。
2.掌握不同拍摄视角的特点和拍摄方法。
3.能够融合不同拍摄视角进行创意化视频拍摄。

任务描述

这里所说的视角指的是摄像中的客观视角与主观视角。客观视角以旁观者角度进行拍摄,是一种客观性镜头,也是影视和新闻摄像中最常用的镜头。主观视角则以被摄人物的观察视线进行拍摄,就是把镜头作为被摄人物的眼睛,展现主观的所看所思所想。

现需要你完成一段日常生活 Vlog 拍摄,要求将不同拍摄视角进行融合,主客观视角运用合理、切换自如。

任务分析

客观视角能够将故事情节内容以客观准确的形式呈现在观众面前,而主观视角则将人物的情感思想融入,更好地让观众产生代入感,为创意拍摄提供灵感和不同的表现形式。在绝大多数作品中,客观镜头是主要表意手段,穿插主观镜头进行信息表达,极少数情况会采用大量主观镜头。变化拍摄视角常常能够带来耳目一新的视听体验,例如先前爆火的抖音博主@**张同学**,其作品中大量的主客观视角切换大大提升了视频的观赏趣味。

在本任务的学习和操作过程中，需要你熟练掌握主观与客观视角的拍摄策略，并构思合适的脚本，使用创意主观镜头增强观看视听体验。

任务实施

1.操作准备：一台具备摄影摄像功能的智能手机。

2.操作实施：

步骤一：辨识主客观镜头

以@**张同学**的 Vlog 拍摄内容为例，请分辨图 5-18 与图 5-19 分别是主观镜头还是客观镜头，并说明原因。

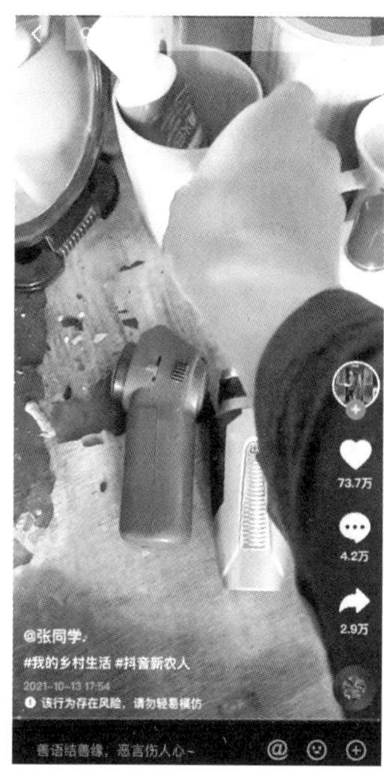

图 5-18　镜头 1

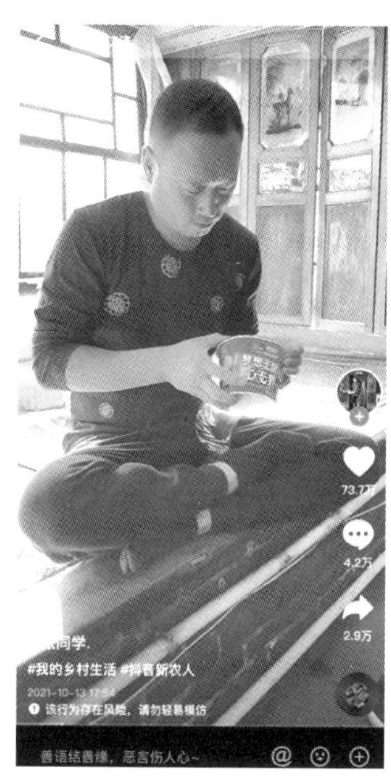

图 5-19　镜头 2

步骤二：构思 Vlog 拍摄内容，并完成表 5-8 的填写。

表 5-8　拍摄事项填写

镜号	拍摄内容	视角	景别	手法
1				
2				
3				
…				

Vlog 是用视频形式记录生活、讲述日常故事，需要有一定的故事主线以避免成为流水账。Vlog 中的镜头一般可分为两大类，一类是主角（即本人）对着镜头说话讲述、作出动作（客观镜头）；另一类是没有主角说话，主要拍摄主角所看到的事物、环境（可采用主观镜头）以及空镜头。

步骤三：依据脚本设计完成拍摄。

步骤四：将拍摄好的素材做好标记存储好，导入剪映或其他手机剪辑软件完成初步的镜头组接。

任务评价(见表 5-9)

表 5-9　拍摄视角评价

序号	评分点	分值	得分
1	能够准确说出什么是拍摄视角	20	
2	掌握主观镜头和客观镜头的特点作用和拍摄技巧	30	
3	能够将主客观拍摄视角融合完成创意视频创作	40	

任务六　构图练习

任务目标

1.认识摄像构图的作用。
2.掌握静态拍摄构图方法。
3.掌握动态拍摄构图方法。

任务描述

构图是摄影摄像的一项基本功，有摄影基础的同学想必对于构图并不陌生。视频拍摄不仅仅要考虑静态画面的构图，还要考虑动态捕捉过程中画面构图的变化。动态构图是在静态构图的基础上进一步考虑镜头的移动变化和画面内各元素的移动变化，从而进行合理动态布局。优质的画面构图能够让你的视频作品更具张力，给观众留下深刻的印象。

现要求你基于三种不同的拍摄情况——镜头动、被摄对象不动，镜头不动、被摄对象动，镜头和被摄对象都变动，构思动态构图，完成视频拍摄。

任务分析

在视频拍摄过程中，被摄对象或静止或运动，镜头或固定或运动。被摄对象和镜头都固定不动而不需考虑构图变化的情况极少，大多时候我们必须思考画面构图会如何随着镜头以及被摄对象的变化而变化，这为构图设计增加了难度。

在本任务的学习和操作过程中，我们首先学习静态构图基本方法，在此基础上掌握动态构图要点，并将动态构图的情形分为三类情况进行练习。

任务实施

1.操作准备:准备一台具备摄影摄像功能的智能手机。

2.操作实施:

步骤一:掌握基本静态构图法,并任意拍摄3种不同构图的照片。

(1)井字构图法,又称三等分法,把画面分割成九宫格,将被摄主体置于三等分左右的位置,是最常见的构图方法之一,如图5-20所示,拍摄人物、事物、风景等均可采用。

图 5-20　井字构图法

(2)对称构图法,将画面内拍摄对象以对称形式进行分布,如图5-21所示,给人一种整洁严谨之美。

图 5-21　对称构图法

(3)中心构图法,如图 5-22 所示,把最重要的拍摄主体置于画面中心位置处,即九宫格的中间格位置,能够起到突出主体的作用,但要注意容易略显呆板。

图 5-22　中心构图法

(4)留白构图法,是一种对比式的构图方法,将丰富的主体与极简的背景环境形成强烈的对比,如图 5-23 所示,除主体以外出现大量的留白,尽量去掉拍摄环境中对主体塑造没有帮助的其他元素,引人遐想。

图 5-23　留白构图法

(5)引导线构图法，利用线条汇聚引导观者目光，引导线不一定是具体线，有连续延伸方向的东西都可以成为引导线，如图 5-24 所示。

图 5-24 引导线构图法

(6)前景构图法，利用某一物体作为画面前景，突出前景后的主体，并增强画面的纵深感，使得画面内涵更加丰富有层次感，如图 5-25 所示。

图 5-25 前景构图法

(7)框架构图法，利用具有框架形态的事物，将被摄主体置于框架之中，凸显主体性，增强画面层次感，如图 5-26 所示。

步骤二：将静态构图方法运用于动态拍摄中。

(1)保持被摄对象不动、摄像机运动，自行设计完成一段动态构图拍摄。

在摄像机发生推拉移等运动变化时，一个完整的镜头有起幅和落幅部分，构图重点在于明确画面主体。如图 5-27 和图 5-28(取自电影《大红灯笼高高挂》)，分别是一个推镜头的起幅和落幅，起幅画面采用对称式构图，在镜头推进时变化景别，但被摄主体始终保持中心位置，引导着构图形式，最后落幅仍保持对称构图。

图 5-26　框架构图法

图 5-27　起幅:对称构图

图 5-28　落幅:对称构图

再如图 5-29 和图 5-30(取自电影《布达佩斯大饭店》),是一个两个人物发生交互的摇镜头画面,起幅为中心构图,落幅为近似三分线构图。摇镜头建立了两个主体间的关系,镜头在变化过程中画面主体也在变化,在构思构图时要把握起幅和落幅不同主体变化带来的布局变化。

图 5-29　起幅:中心构图

图 5-30　落幅:三分线构图

(2)保持摄像机不动,被摄对象动,自行设计完成一段动态构图拍摄。

摄像机静止,以固定镜头的形式进行拍摄,而拍摄对象发生运动变化,拍摄环境不变,重点在于把握被摄主体在画面内轨迹变化的美感。如图 5-31 和图 5-32 是影片《火车进站》中一个景深长镜头中的两幅画面，采用引导线构图，火车从远处向近处沿着对角线方向驶来，被摄主体运动过程中景别发生变化，构图中心相应由远至近。

图 5-31　《火车进站》镜头 1

图 5-32　《火车进站》镜头 2

(3)被摄对象与摄像机均发生运动，自行设计完成一段动态构图拍摄。

这是较复杂的动态构图形式，整个画面结构随着镜头运动、主体变化不断发生着改变。如下图是一个摇镜头中的两个画面(取自电影《布达佩斯大饭店》)，图 5-33 是摇镜头的起幅，以楼梯造型为主要视觉对象呈现出对角线构图形式，镜头开始随着人物走下楼梯的位置移动发生摇动，落幅停在图 5-34 所示，画面呈现出三个视觉点的三角构图形式。

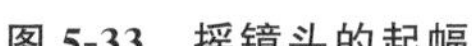

图 5-33　摇镜头的起幅

图 5-34　摇镜头的落幅

任务评价(见表 5-10)

表 5-10　构图任务评价

序号	评分点	分值	得分
1	认识摄像构图的作用	20	
2	掌握静态构图的基本方法	30	
3	掌握动态构图的基本方法，能针对不同运动情况合理进行动态构图设计	50	

任务七　转场练习

任务目标

1.理解转场的含义与作用。

2.掌握基本的转场拍摄技巧。

3.能够将转场思维应用到实际的视频拍摄剪辑中。

任务描述

转场指的是视频中段落与段落、场景与场景之间的过渡或转换。我们最常见的镜头过渡方法是“硬切”，即将两个镜头直接拼在一起不做任何拍摄中、剪辑上的设计。然而适当转场的使用能够增加视频的逻辑连贯性、艺术表达性，有效吸引观众的注意力。

现需要你设计并完成三种不同的视频转场拍摄(不限于本任务中介绍的转场方法)，要求衔接自然流畅。

任务分析

转场分为技巧转场和无技巧转场两种。技巧转场指的是在后期剪辑中使用特效技巧转场(例如叠化、淡入淡出、黑场等)。无技巧转场是指不用特技手段，凭借镜头之间的有机联系直接切换(例如空镜头转场、遮挡转场、相似转场、运动镜头转场等)，这是本任务需要重点掌握学习的部分。在本任务的操作学习中，希望你深入认识转场的内涵和作用，掌握几种转场方法，为自己的视频创作增添光彩。

任务实施

1.操作准备：一台具备拍摄功能的智能手机。

2.操作实施：

步骤一：认识转场

(1)遮挡转场，即前一个镜头出现遮挡物直至全部被遮挡物所覆盖，下一个镜头从遮挡物开始拍摄随后遮挡物离开，形成一种看似无缝衔接的转场。如图 5-35 所示，利用行驶而过的汽车作为遮挡，将前后两个镜头无缝衔接起来，常用于变装拍摄。

图 5-35　遮挡转场示例

(2)特写转场,即前一个镜头采用大特写,下一个镜头切换至另一个场景,以特写作为转场可以减缓场景转换的跳跃不适感。如图 5-36,从眼部大特写切换至人物对话场景。

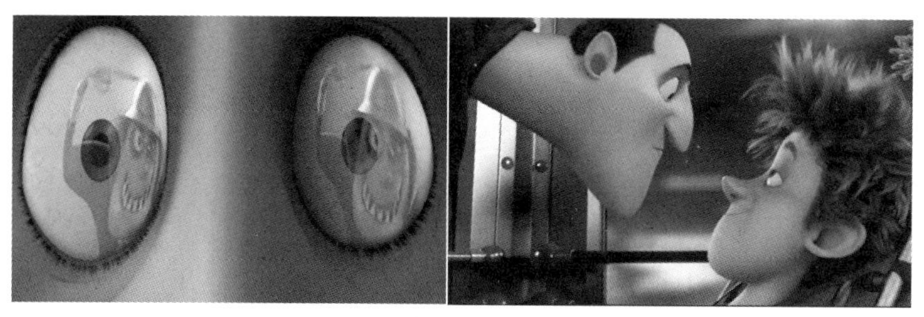

图 5-36　特写转场示例

(3)相似转场,即前一个镜头结束和后一个镜头开始是相同或相似的物品、人物动作等,利用相似转场让场景切换更加自然流畅。如图 5-37 所示,前一个镜头为手持一本书,书上一位老者形象,下一个镜头切入书中场景。

图 5-37　相似转场示例

步骤二:设计三个镜头衔接转场,完成表 5-11。

表 5-11　设计转场

镜号	画面内容	转场	景别	手法
1				
2				

步骤三:依据脚本设计进行拍摄,并完成镜头组接。

任务评价(见表 5-12)

表 5-12　转场拍摄评价

序号	评分点	分值	得分
1	能够准确说出转场的含义和作用	20	
2	掌握 3 种以上有技巧转场的拍摄方法	30	
3	具备转场设计思维,在实际拍摄剪辑中运用转场,提升视频观赏性	50	

任务八 光线调节练习

任务目标

1.能够充分认识和运用自然光线。
2.能够对打光设备有一定的认识。
3.掌握布光的原理和技巧。

任务描述

影像是一门光影的艺术,充分把握好拍摄光线、合理进行布光是提升影像视觉效果的灵魂所在。在人人自媒体的时代,原创视频无处不在,浏览视频时我们会发现,一些视频创作者的视频画面总是精美又吸睛,而一些质量低下的视频总是模糊晦暗、色彩失真,这很大程度上是光线问题。合适的光线能够提升视频画质,让视频拍摄变得更加优质。

现需要你设计一段微剧情视频拍摄,要求画面清晰、光线色彩舒适,可运用简单的打光设备,营造合适的光线氛围。

任务分析

对于光线的运用,一方面是能够充分利用自然光,另一方面则是在自然光线无法满足拍摄需求时能够进行合理布光。自然光线变化万千,是人为不可控的,不同环境场景、不同时段拍摄有不同的画面效果,故而基于拍摄需求选择合适的拍摄天气、时段和场景十分必要。而在自然光线不足时,则要结合光向、光质、光度等要素,使用一定的打光设备辅助我们的视频拍摄,保障画面质量。

在这一任务的操作练习中,要求你对自然光特点有深入的认识,并掌握布光原理和技巧。

任务实施

1.操作准备:一台具备摄影摄像功能的智能手机、打光设备。

2.操作实施:

步骤一:认识光线的几个要素,如表5-13所示。

表5-13 光线的要素

要素	定义
光强	发光体的发光强度,决定了拍摄时曝光的调节
光向	光的方向,有正光、背光、侧光、顶光、底光,不同光向塑造不同特质
光质	光线软硬性质,硬光反差对比大,软光柔和对比小
色温	光线中包含颜色成分的计量单位,不同色温对应的光线情况见图5-38
色调	画面中的色彩倾向,分为冷色、暖色、中间色调

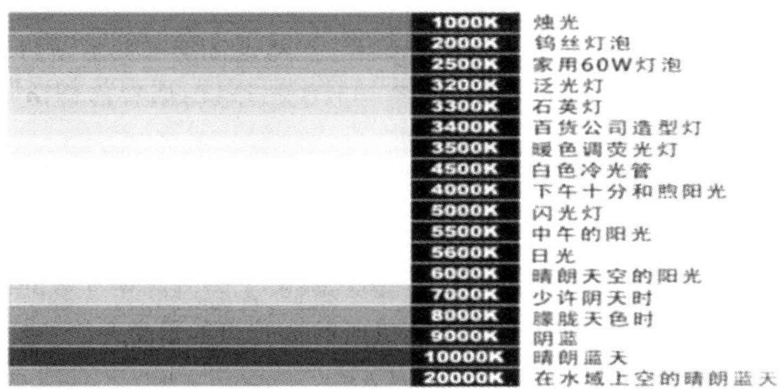

图 5-38 色温与光线的对应

步骤二:分析不同天气、时段光线特性,完成表 5-14。

表 5-14 天气、光线要素

	光强	光向	光质	色温
晴天上午				
晴天正午				
晴天傍晚				
阴天白天				

步骤三:光线不足时进行补光。

(1)认识主光与辅助光

主光是拍摄中最基本的光源,可以是室外自然光,也可以是室内人造光;辅助光是对主光造成的阴影进行淡化的光源,通常与主光源位置相对。

(2)认识简单的补光设备

环形光:也叫美颜灯,如图 5-39 所示,在进行直播、拍摄口播类视频中常用,置于人物正面让人脸变得明亮,曝光均匀且阴影暗区少。

柔光箱:如图 5-40 所示,常用于室内主光源布光,柔光箱能在普通光源的基础上通过一两层扩散,形成柔和漫射光。

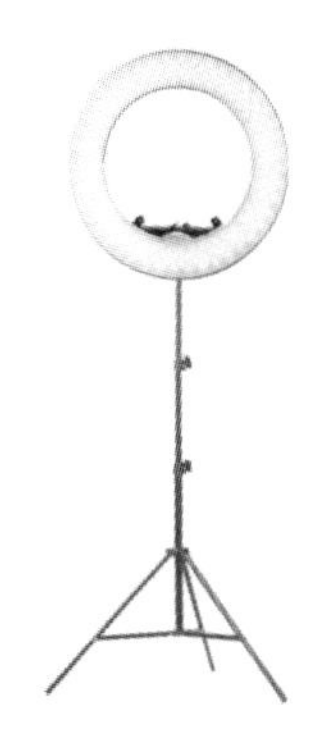

图 5-39 环形光

图 5-40 柔光箱

反光板：室内室外使用率都很高，能够对现有光源进行反射，是一种低成本的补光设备。

手持补光灯：如图 5-41 和图 5-42 所示，相对小巧便捷，适合外拍携带，大多补光灯都具备不同光强度、色温等调节。

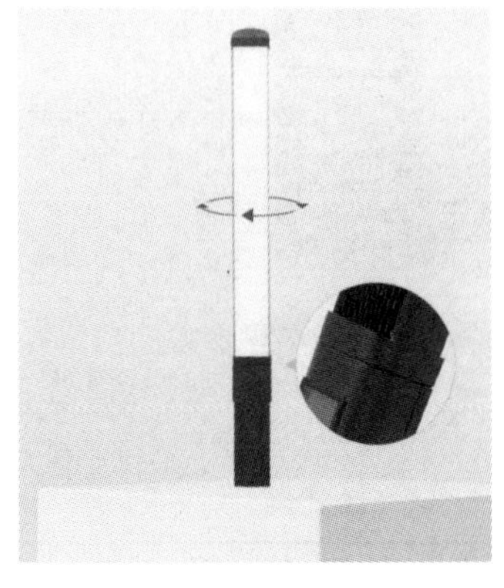

图 5-41 手持补光灯 1

图 5-42 手持补光灯 2

步骤四：根据拍摄脚本，在拍摄过程中依据现实情况调节光线，完成视频拍摄。

任务评价（见表 5-15）

表 5-15 合理布光评价

序号	评分点	分值	得分
1	能够合理利用自然光线，拍出光线色彩动人的影像作品	30	
2	认识和了解基本的打光设备	30	
3	能够合理布光，在室外和室内光线不佳的情况下合理进行补光、氛围营造	40	

任务九 收音练习

任务目标

1.认识收音设备。
2.掌握手机收音设备的使用。

任务描述

高质量的短视频，内容、画质、音质上都缺一不可。在拍摄过程中，新手往往会忽视视频声音的录制，原手机或相机在拍摄收音过程中常常出现噪声、收音太小等问题。收音设备的使用能确保声音的录制质量，大大提升后期剪辑的效率和质量，避免因声音质量不佳而返工补拍的麻烦。现需要你完成一段视频拍摄，在嘈杂环境中录制清晰人物对话，脚本内容自行设计。

任务分析

声音与画面共同决定了视频质量的好坏，音质的好坏有前期收音部分也有后期制作部分，前期收音效果好能让后期更轻松。收音设备价格从几十到成百上千不等，而对非影视级的短视频拍摄而言，普通的收音设备即可满足使用需求。本任务主要在于强化对前期收音的认知，掌握手机收音设备的操作和使用。

任务实施

1.操作准备：一台智能手机、手机收音器。

2.操作实施：

步骤一：认识收音设备。

无线领夹麦克风：小巧轻便、收音清晰，如图 5-43 所示，由夹领麦克风、监听耳机、防风罩等部分构成。主体为麦克风，用于收音，将其与拍摄手机蓝牙连接，监听耳机插入手机后可以实时监听到录音情况，防风罩在风大情况可以过滤噪声、提高声音录制质量。

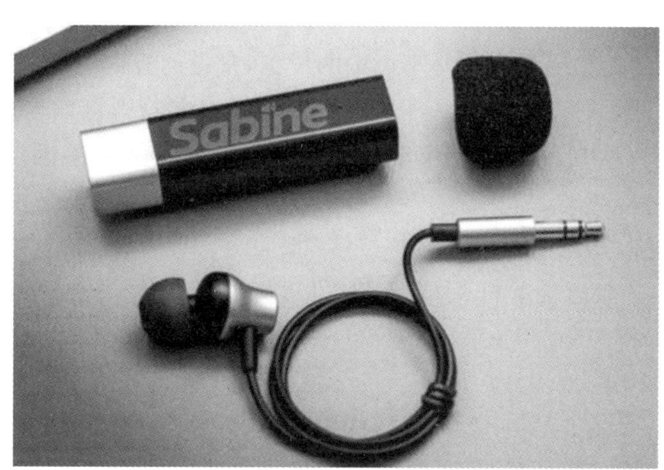

图 5-43　无线领夹麦克风

步骤二：连接好手机收音设备，开始视频拍摄。

任务评价(见表 5-16)

表 5-16　收音评价

序号	评分点	分值	得分
1	对不同的收音设备有一定的认识	30	
2	掌握一般手机收音设备的操作和使用	70	

任务十 稳定器

任务目标

1.熟悉三脚架、稳定器的基本操作。
2.能够正确使用拍摄稳定设备提升视频拍摄质量。

任务描述

在拍摄实操过程中,手持拍摄存在许多不足,例如跟随拍摄时画面抖动,长期固定拍摄手臂酸痛,因此手持稳定器、三架固定支架的辅助显得非常有必要。稳定拍摄的辅助设备使用能够使视频画面更加稳定流畅,有效提升视频拍摄质量。

现需要你根据自身账号定位,完成一个短视频创作,要求在拍摄过程中熟练运用各种视听元素,辅助使用稳定设备,确保画面稳定、运镜运动流畅。

任务分析

稳定设备是专业拍摄过程中必不可少的设备,常见的有固定机身所用的三脚架、辅助运动摄像的稳定器。三脚支架,适合固定拍摄,手持稳定器则可以满足运动拍摄的需要。在本任务的操作学习中,你将熟悉了解拍摄稳定设备,并进一步熟悉设备的操作和使用。

任务实施

1.操作准备:一台智能手机、手机支架、手机稳定器。

2.操作实施:

步骤一:三脚架的使用。

手机三脚架(见图 5-44)一般没有特殊用法,只需要将手机装到支架上固定好,根据拍摄所需调节三脚架高度、方向即可。

图 5-44 手机三脚架

步骤二：手持稳定器的使用

一般需要下载相应的 App，将稳定器开机，开启 App 后即可将稳定器与手机相连接。使用稳定器拍摄时具有变焦拍摄、调节运动模式等功能，能够让我们在拍摄行进过程中仍保持画面稳定，可用于推拉摇移等运动镜头拍摄。如图 5-45 所示。

图 5-45　手持稳定器

步骤三：依据脚本，配合支架和稳定器的使用，完成视频拍摄。

任务评价（见表 5-17）

表 5-17　三脚架和稳定器

序号	评分点	分值	得分
1	掌握手机三脚架的使用方法	50	
2	掌握手机稳定器的使用方法，并配合运镜手法进行拍摄	50	

任务十一　视频剪辑

任务目标

1. 熟悉常用的视频剪辑软件。
2. 掌握视频剪辑基本流程和技巧。
3. 掌握视频添加音频、滤镜、特效技巧。
4. 掌握视频间转场效果的制作技巧。
5. 掌握视频卡点技巧。
6. 能够根据脚本将视频素材剪辑成符合视频投放要求的短视频。

任务描述

流量时代,视频作为视觉化呈现的重要环节,要快而准地吸引用户的眼球,而这就发生在视频前4～8秒的黄金时段。无论是微信视频号、微博、抖音、快手、小红书、bilibili等各新媒体平台都需要优质的视频。通常拍摄完成的短视频并不会被直接发布到短视频平台上,无论视频是长是短,如果要让最终展现在用户面前的视频内容更加丰富,就需要通过后期剪辑来实现。要做优质的视频,内容很重要,而内容牵涉到文案、画面、拍摄、音频、滤镜、特效、剪辑等,通过视频剪辑将这些有机组合起来,才能打造精品的内容视频,从而获得推送流量。

任务分析

与传统媒体不同,新媒体中的视频类型更多元化,包含的元素更多,需要将这些元素有机地在视频中完美呈现,提升用户欣赏体验感,达到吸引粉丝的目标,这就需要一款易上手易操作的视频剪辑软件。常用的视频剪辑软件有PC端的专业软件Premiere、AE、达芬奇等,和手机移动端的剪映、快剪辑、Videoleap、快影、快手等,如图5-46所示,各软件功能大同小异。随着短视频的普及和大众化,利用移动端的视频剪辑软件就能够轻松完成剪辑工作,软件功能齐全且随拍随剪,非常适合短视频制作新手。

其中剪映是抖音官方推出的视频剪辑神器,带有全面的剪辑功能,支持变速、多样滤镜和美颜的效果,并附带丰富的曲库资源。剪映还有很多当下流行的视频模板,用户直接上传视频或照片素材就可以快速生成视频,同时支持在手机移动端、Pad端、Mac电脑、Windows电脑,全终端使用。

剪映的账号可以与抖音短视频平台共享,在抖音短视频平台中收藏喜欢的视频效果,可以直接应用到剪映中,并能实现一键选取。剪映中内置了很多抖音短视频平台中热门视频的模板,非常方便剪辑同款的视频话题活动。使用剪映剪辑视频,可以一键发布到抖音短视频平台中,而且会有抖音短视频同款话题活动。鉴于我们以抖音为平台且剪映功能强大、易学易用,在本任务中我们以剪映为例完成视频剪辑。无论什么软件,重在坚持,熟能生巧,想剪辑出精彩且有亮点的视频,还需要学习一些方法和技巧。

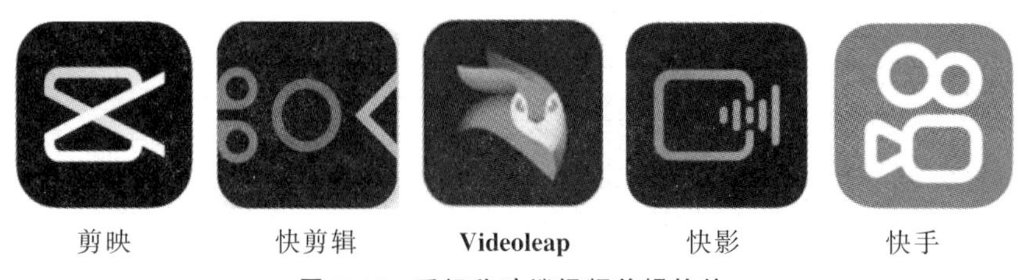

图5-46 手机移动端视频剪辑软件

任务实施

一、知识技能储备

(一)剪映软件亮点

剪辑黑科技:支持色度抠图、曲线变速、视频防抖、图文成片等高阶功能。

简单好用:切割变速倒放,功能简单易学,留下每个精彩瞬间。

素材丰富:精致好看的贴纸和字体,给视频加点乐趣。

海量曲库:抖音独家曲库,让视频更生动。

高级好看:专业风格滤镜,一键轻松美颜,让生活一秒变大片免费、样式丰富、全民爱用。

免费教程:创作学院提供海量课程免费学,边学边剪易上手。

(二)剪映主要功能

【分割】快速自由分割视频,一键剪切视频。

【变速】0.2 倍至 4 倍,节奏快慢自由掌控。

【倒放】时间倒流,感受不一样的视频。

【画布】多种比例和颜色随心切换。

【转场】支持交叉互溶、闪黑、擦除等多种效果。

【贴纸】独家设计手绘贴纸,总有一款适合你的小心情。

【字体】多种风格字体、字幕、标题任我们选。

【曲库】海量音乐曲库,独家抖音歌曲。

【变声】一秒变“声”多种性别、音色。

【一键同步】抖音收藏的音乐,轻松应用抖音潮流音乐。

【滤镜】多种高级专业的风格滤镜,让视频不再单调。

【美颜】智能识别脸型,定制独家专属美颜方案。

【视频剪同款】模板类型丰富,大片、卡点、美食、萌娃、创意玩法多款模板任我们选择。操作简单,用户选好模板后点击剪同款,上传对应照片或视频素材即可一键生成炫酷大片。

【视频创作学院】课程内容覆盖脚本构思、拍摄、剪辑、调色、账号运营等多种主题。从新手入门,创作进阶到高阶大神,海量课程满足不同阶段用户诉求。部分课程支持用户边学边剪,通过即时实操提升学习成效。

(三)剪映工具栏思维导图(见图 5-47)

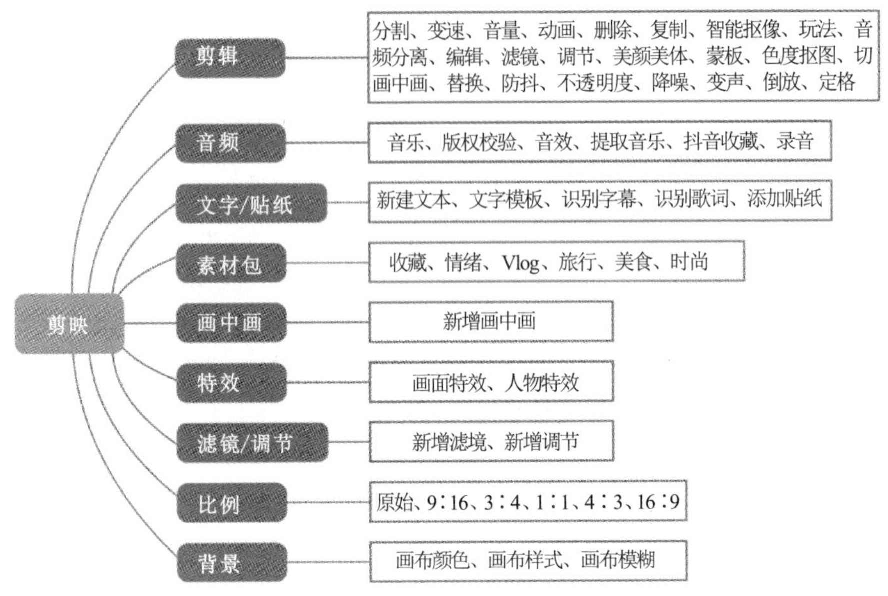

图 5-47　剪映工具栏思维导图

(四)视频剪辑流程

最简单的视频剪辑操作就是将已拍摄好的多个视频素材整理拼接在一起,配上音效,添加简单的特效和字幕,最后将编辑好的视频输出,即完成一个视频的制作。例如,想要制作一个旅行类的短视频,那么需要在旅行途中拍摄一些风光类的视频素材,将这些视频素材导入视频剪辑软件,通过软件调整视频素材的顺序,调整每个视频素材的时长,最后配上音乐、添加字幕将视频输出。下面将介绍剪辑视频的流程。

1.理顺视频剪辑的思路

拍摄的短视频通常都有拍摄主题,而且在拍摄前会制定一个视频内容的框架,可以不写出详细的脚本,但会涉及拍摄的素材、场景和景别等内容,以便进行有针对性的拍摄和提高视频素材的使用率。

在视频剪辑之前,我们要熟悉素材,结合这些素材和脚本整理出剪辑思路和整片的剪辑构架,以便提升视频内容的质量,提高后期剪辑视频的效率。我们就需要撰写一个详细的剪辑脚本,内容包括视频的风格,需要使用哪些镜头,各个镜头的时间长短,需要哪些配乐以及旁白内容等,然后再把之前拍摄的视频素材根据脚本的需要进行筛选编排。

提示:有了整体的剪辑思路之后,我们需要对素材进行分类筛选,最好是将不同场景的系列镜头分类整理到不同的文件夹中,方便剪辑和素材管理。

2.剪辑视频

剪辑视频主要分为以下 5 个步骤:

(1)初剪

进行视频初步剪辑时,先按照分类好的镜头场景整理视频素材;再进行拼接剪辑,挑选合适的镜头,留下与主题有关的核心部分,删除多余的视频素材;然后将每个镜头按照脚本的叙事方式拼接起来，情节完整，形成整个视频的框架结构。

提示：在剪辑视频素材当舍则舍，如果舍不得删减，会增加视频的播放时长，拉长整个视频的播放节奏。对于短视频来说，节奏缓慢、剧情拖拉会严重影响用户的观看体验，使用户失去耐心。所以，剪辑视频时，应该多从用户视角审视视频内容，用户不感兴趣的片段应该主动删减。

(2)精剪

视频框架形成后，内容创作者经多次协商调整，对视频进行精剪，完善剪辑内容，让整个视频视觉上更加流畅。

提示：精剪是对视频节奏及氛围等方面做精细调整，对视频做减法和乘法。减法是在不影响情节的情况下，修剪掉拖沓冗长的段落，使视频节奏更加紧凑；乘法是使视频的情绪氛围及主题得到进一步升华。

(3)配音配乐

视频经剪辑之后，如果需要添加旁白，可以先完成这部分内容的填充，再选合适的背景音乐和音效，添加后查看视频完整效果。

音乐是整个视频风格的重要组成部分，对视频的氛围节奏有很大影响。通常视频要根据音乐的节奏进行二次剪辑，使音乐的节奏和视频的节奏保持同步，这样可以更好地烘托短视频内容的氛围，吸引用户的注意力。

(4)特效包装

视频剪辑完成后，需要给视频添加一些转场特效、滤镜特效，或者添加片头片尾特效，再添加字幕或贴纸，以增加视频的丰富度。

提示：特效的制作有时候会和剪辑一起进行。

(5)调整输出

最后根据视频主题和风格，对视频进行颜色统一校正或风格调色。调完色后，我们就可以根据视频投放需求，针对性地输出成片。

二、具体实施过程

大多数剪辑软件的操作界面基本相似，其剪辑操作大同小异，下面以剪映为例实施视频剪辑任务。

在剪映的主界面(见图5-48)上点击“开始创作”按钮，选择并导入拍摄的视频素材，开始剪辑任务。

创作栏：是效果展示区域，还包括创作辅助工具。

草稿栏：是编辑素材区域，具有草稿箱功能，可以对素材进行编辑、复制、删除(批量删除)、重命名等操作。

工具栏：底部导航是操作工具区域，分为：剪辑、剪同款、创作课堂、消息、我的。

图5-48　剪映的主界面

在剪映的操作工具区域点击【剪辑】按钮，可以对视频进行分割、变速、动画、删除、抠像、音量、音频分离、编辑、滤镜、调节、美颜美体、蒙板、切画中画、替换、防抖、不透明度、降噪、变声、复制、倒放、定格等剪辑操作，如图 5-49 所示。点击“剪同款”按钮，可以查看各类抖音短视频流行的视频模板，并直接上传素材剪辑同款视频，如图 5-50 所示，甚至可以通过“一键成片”功能自动识别素材选择模板剪辑同款视频。点击“我的”按钮，可以进入个人抖音账号页面。

图 5-49　剪辑操作栏

图 5-50　视频模板

(一)视频素材准备

在这个视频剪辑任务中我们准备 6 段视频素材：(1)火锅；(2)卖降火甜品的流动小车；(3)倒凉虾；(4)水果摊；(5)锻炼的奶奶；(6)特效素材。

利用素材，我们要剪辑出带有味蕾冲击的夏天生活的 Vlog 短视频。

知识链接

视频的完成主要依靠素材剪辑与包装，我们不仅要花心思拍摄视频素材，还要花费大量功夫收集音效、视频、动画等素材，且素材使用的自主性也会低很多，甚至会有版权相关的问题。要做好纯剪辑类视频，需要花费更多时间。没有素材，就如“巧妇难为无米之炊”，做不出好视频。

(1)音效素材收集

· 耳聆网：国内老牌音频网站，音频质量高，素材完全免费，下载次数不受限制；但素材比较老旧，更新慢。

• 秒音网：是虚拟配音合成网站，可合成各种虚拟主播配音，比Siri和其他文字转语音软件更人性化，很多动画类短视频都是通过这个网站来合成语音的。

• Soundgator：下载自然音效的不二之选。这里有海量无版权自然音效，全部可免费下载，网站还整理了音乐包。

声音网：是一个音效素材网站，网站按场景对音频进行分类，分类清晰明了，素材数量不算多，但是质量都不错。

爱给网：是国内知名的数字娱乐素材网站，不仅提供免费的音效配乐，还有3D模型、视频、游戏素材等等多种资源，短视频新手必备。

• Soundcloud（声云）：音频界的油管，素材众多，允许所有人发布音乐作品，音频类别无限制，内含众多独立音乐人制作的remix版本，是个巨型音乐库。

（2）视频素材收集

• https://mixkit.col：国外的免费视频素材网，素材分为自然、生活、商务、动物等几大类，偏ins小清新风格。缺点就是网站速度比较慢，心急或者网速不好的人慎入。

• https://mazwai.com/：视频类别分得很细，全部无版权可免费商用，无须登录即可下载。

• www.newcger.com：素材种类奇多、更新快，而且免费易用，有AE模板、视频素材、音频素材，也有很多教程可以学习。在详情页可以直接观看素材的视频预览，还附有素材的详细数据，无须登陆就可直接通过网盘下载。

• https://enfreejpg.com.ar/videos/：高清高质量的无版权4K视频，分为食品、旅行、城市、自然等几个大类，美中不足的是需要网络加速器才可以完整显示网站。

• https://www.videvo.net/：免费的4K视频、音乐、音效素材网，无须登录即可下载，要注意视频右上角的提示，写着“free”的才是免费素材。

• https://www.vidsplay.com/：速度挺快的一个外网，自然风景类的素材还是不错的，无须登录即可下载视频。

（3）动画素材收集

• LottieFiles：提供丰富的免费高质量动画素材，并且这些动画素材可以用于个人或商业用途。动画素材支持以多种格式下载，包括Lottie JSON、ZIP、MP4、GIF，并且可以调整设置动画的播放速度和背景颜色。

• Vidlery：网站使用的是CCO协议，可以放心免费商用。国内可以正常访问，而且下载素材不需要注册，超方便。

• Beachfront B-Rroll：免费下载高清视频和动画素材，完全免费使用，下载只需一个简单的“右键单击保存”即可。

• FreePNGimg：提供PNG图像、图标和剪贴画等素材。可以下载不同大小的PNG图片，所有素材都是免费的。目前能查找50000多个免抠素材，大部分素材的画风都是手绘风，很适合做动画短视频。

· SOOGIF:这个网站的分类十分齐全,并且也有当前热点的相关动图,并且网站也提供了对 gif 的相关操作。

· 51gif:表情包集合站,网站为表情包单独划分了一个栏目,也是网站的一个亮点。

(二)导入素材

点击【开始创作】,依次选择所需的视频素材并一次性导入视频轨道上;也可以通过 + 工具逐一导入视频素材。在视频轨道上拖动视频可改变视频素材的顺序。

(三)剪辑视频

1.剪取视频片段

在短视频剪辑中,通常使用视频素材中的一小段,我们需要根据脚本剪辑视频,留下与主题相关的核心部分,删除或隐藏多余部分。

操作步骤:点选视频轨道,拖动视频头尾的白色长方形改变视频时长,拖动视频头部的白色长方形隐藏头部的视频内容,拖动视频尾部的白色长方形隐藏尾部的视频内容,如图 5-51 所示。

我们还可以使用分割工具,将需要保留的视频段从将整个视频素材中分离出来,删除不需要的部分。在视频轨道上,移动视频素材改变竖线位置,在工具栏中点击【剪辑】—【分割】工具,就将视频以竖线为界左右两侧的视频分离开,将不需要的视频片段删除即可,如图 5-52所示。

图 5-51 剪取视频片段

图 5-52 分割视频

2.裁剪视频画面

短视频成品横屏播放,当前视频素材是竖屏全屏播放,打开视频整体画面,按 16 : 9 的画面比例裁剪,去掉多余的边。

操作步骤：在视频轨道上，选择需要裁剪的视频，在工具栏中点击“【剪辑】—【编辑】—【裁剪】”工具，选择 16∶9，将视频变成 16∶9 的画面，移动视频选取需要的画面，点击右下角的【√】确定，如图 5-53 所示。

图 5-53　裁剪视频画面

提示：使用手机拍摄的视频素材进行剪辑时，视频的尺寸和角度一定要相同。如果手机拍摄的是横屏视频素材，剪辑的视频统一用横屏；如果拍摄的是竖屏视频，则统一用竖屏。剪辑后的视频中不能出现横竖交替的效果，否则视频画面会显得杂乱。

(四)视频转场

1.添加转场效果

第一个视频直接跳转到第二个视频，如果没有过渡，场景切换就会显得不自然，我们可以在这两段视频间添加转场效果。

操作步骤：点击两个视频间的白色长方形，调出转场设置画面，选择运镜转场中的【拉远】，默认转场动画是 1S，然后点击【√】确定，如图 5-54 所示，添加了转场的视频间的白色长方形会就变成，如图 5-55 所示，点击可以修改转场设置。观看视频展示效果，视频间的画面变化有了较自然的过渡。我们还可以根据需要选择不同的转场效果并调整转场速度。

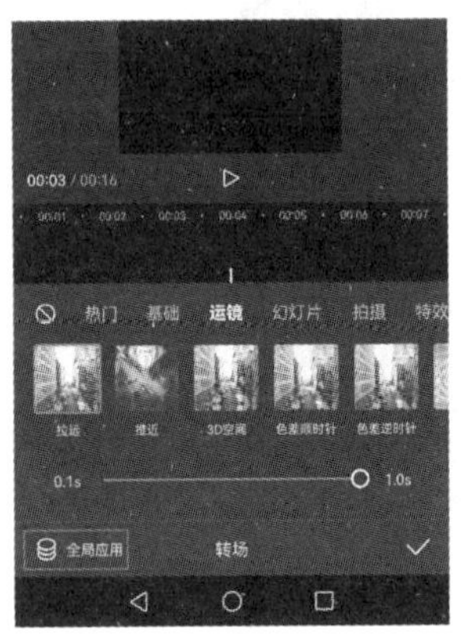

图 5-54 拉远转场

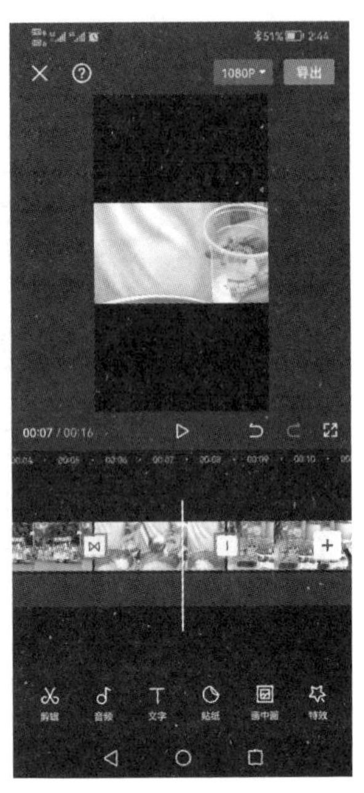

图 5-55 视频轨道变化

我们用同样的方法为各段视频之间添加合适的转场动画效果，提升画面感。例如增加炫光转场特效，如图 5-56 所示。

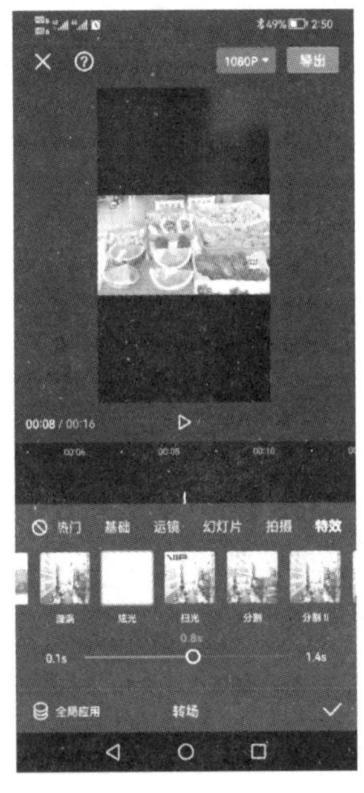

图 5-56 炫光转场特效

提示：【全局应用】就是将当前的转场设置应用到所有视频切换中。

2.添加画中画

我们可以在两个视频间或单个视频里添加新的画面，从而增加画面的层次。

操作步骤：在视频轨道上，移动视频素材改变竖线位置，在工具栏中点击【画中画】工具，在竖线位置【新增画中画】，如图 5-57 所示，选择我们需要使用的画面素材，生成画中画素材视频轨道，其剪辑方式与其他视频素材剪辑是相同的，如图 5-58 所示。

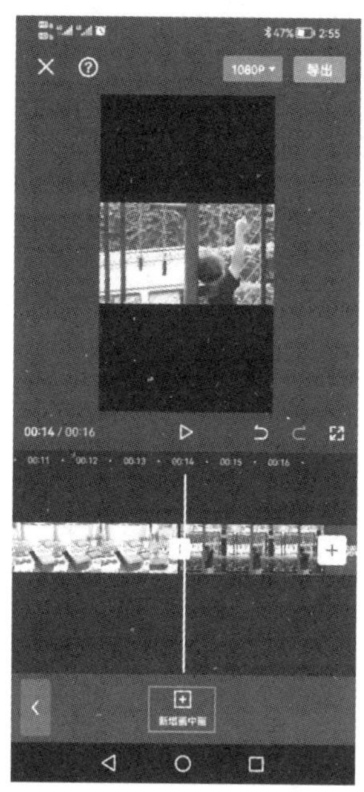

图 5-57　新增画中画

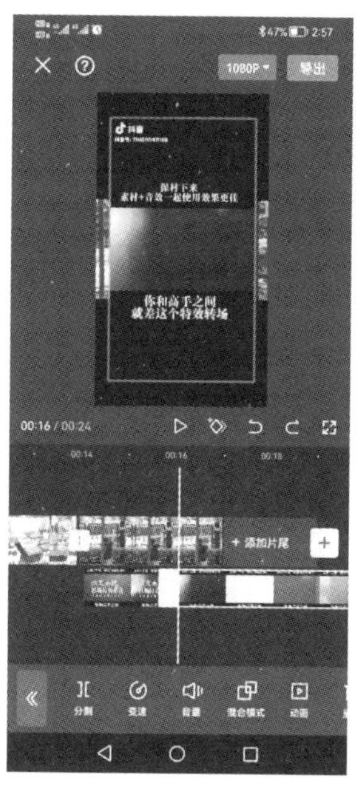

图 5-58　画中画素材视频轨道

在本任务中，我们选择已保存的炫光视频素材，发现画面格格不入。可以选取画中画素材中的一小段，将其裁剪成 16：9，画面比较小，我们把手指头点在中间稍微往外扩一下，让它变成和原视频一样的大小，如图 5-59 所示；再选中画中画素材，点击【混合模式】选择【滤色】，调整滤色强度，如图 5-60 所示。

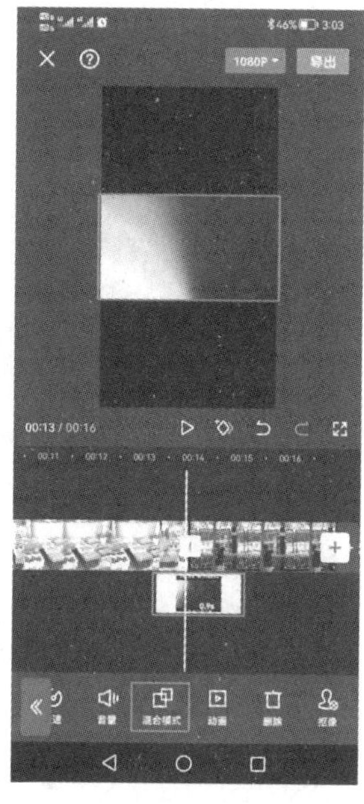

图 5-59　裁剪画中画素材

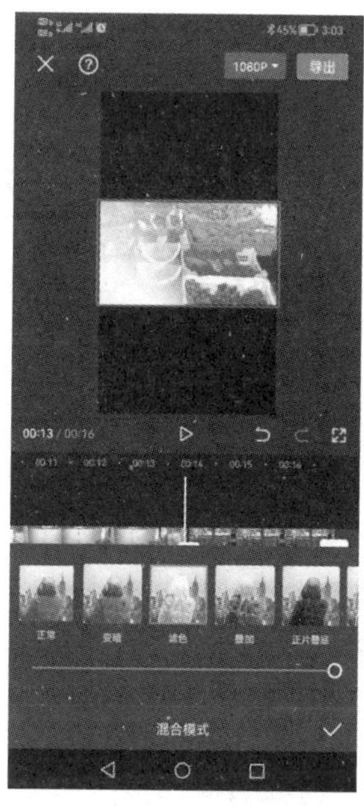

图 5-60　画中画混合模式

知识链接

推近镜头是摄像机向前推进所拍摄的镜头，景别越来越小，用来表现细节突出主体。通过推近镜头能够看到被摄主体与环境的关系，并且强调突出了被摄主体的重要性，也可以表现人物内心发生变化，比固定镜头更有表现张力，是剪辑中最基本的组接镜头的方式，在视频画面切换中也常用到，通过推近转场实现。

拉远镜头是摄像机和被摄主体距离逐渐拉远的过程，画面构图由近及远，景别从小变大，用来表现揭示悬念或者是渲染氛围等。拉远镜头可以用在视频的结束或者段落的结束，相反的推镜头是段落的开始，情节的推进，特别是拉到大全景或者远景的时候，这时候摄像机的镜头像是模拟了观众的视线，造成一种远离感，所以用在视频片段的结尾会比较自然。

(五)添加音频

1.添加音乐

短视频是视觉和听觉的双重享受，视觉上接收和传递信息，听觉上渲染用户的情绪。接下来我们为已粗剪的短视频添加音频。

操作步骤：在视频轨道下，点击【添加音频】，再在工具栏中点击【音乐】工具，下载需要的音频并使用，如图 5-61 所示，这时在视频轨道的下方就增加了这段声音的音轨，我们可以使用工具栏中的“音量、淡化、分割、变声、踩点、删除、变速、降噪、复制”工具编辑音频，如图 5-62 所示。剪辑音频的方法与剪辑视频素材相同，根据视频的时长进行剪辑，保证音频和视频同步且时长相同。

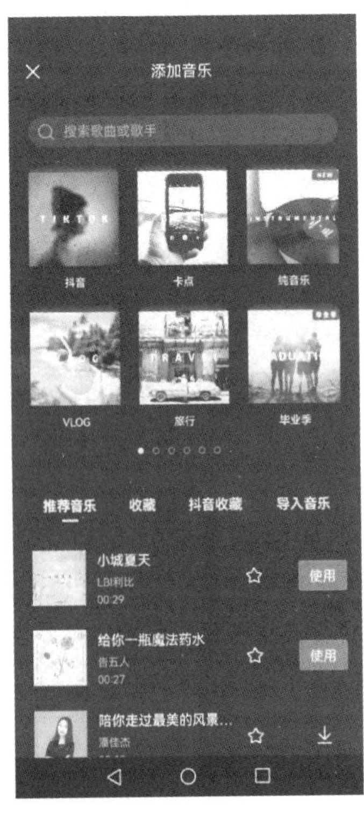

图 5-61 音频库

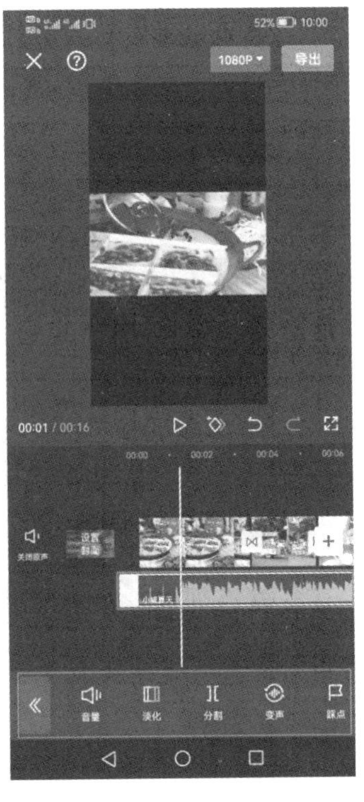

图 5-62 编辑音频

通常视频素材是有声的，如果不需要视频中的原声，我们可以关闭原声。

2.添加旁白

我们可以使用录音功能为视频添加旁白。在工具栏中点击【音频】—【录音】工具，如图 5-63 所示，录制完旁白后，在视频轨道的下方生成旁白的音轨，可对其进行编辑。

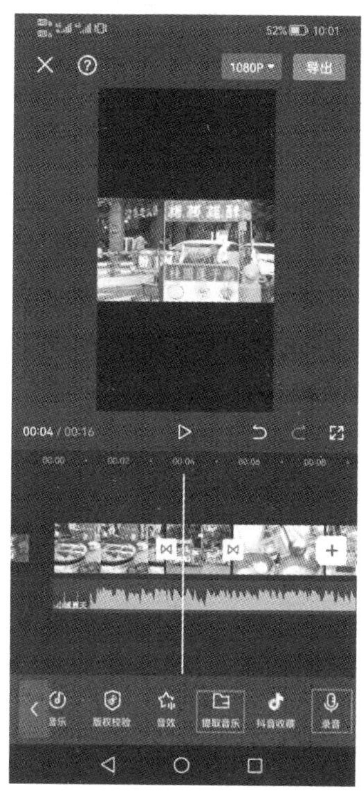

图 5-63　提取音乐

3.提取音乐

如果在其他视频中听到一段音乐，我们可以先把这个视频载下来，或使用录屏功能将视频录下来，再把视频导入到剪映软件中，使用提取音乐功能，剪映就能把音频从视频中提取出来，过滤掉视频，单独生成音轨。

操作步骤：在工具栏中点击【音频】—【提取音乐】工具，选择要提取音频的视频，点击【仅导入视频的声音】，就完成从视频中提取音频，生成音轨。

知识链接

2016 年诞生的抖音短视频最初的定位是音乐创意短视频社交软件，之后音乐与短视频的交融迸发出越来越多的火花。短视频是视觉和听觉的双重享受，短视频刚开始播放时，可能还没有看到具体的内容画面，一段熟悉的音乐就先响起，这样能立刻拉近与用户之间的距离。即便是视频的内容比较简单，如果能控制好视频节奏，再配上热门的音乐或经典的音效，也有可能打动用户，吸引用户的大量关注并成为热门视频。

(1)选择背景音乐

音乐的选择需要视频剪辑人员根据视频的内容主题、整体节奏来权衡，这其中并没有标准答案。首先剪辑人员需要确定视频的风格和传递的情绪，是舒缓解压，还是搞笑风趣？要先确定视频的整体基调，才能进一步对短视频中的人、事及画面进行背景音乐的筛选。如果画面节奏比较慢，那么音乐相对也需要舒缓一些；如果视频节奏非常明快，或者是照片制作的Plog(Photoblog，图片日志)，就比较适合使用节奏感强、速度较快的音乐。现在的短视频通常会在音乐的重音处进行镜头或者照片的切换，这就是所谓的“卡点”，也是被经常使用的一种音乐和视频展现形式。现在短视频平台中有许多卡点视频，因节奏感强、节拍律动性十足而受到众多用户的喜爱。

背景音乐可以对短视频起到画龙点睛的作用，但主要是辅助的作用，最好让用户感觉不到其存在，因此视频剪辑时一定不能让背景音乐喧宾夺主。如果视频中有旁白或真人出镜，就应该尽量选择纯音乐，因为歌词的声音会对视频原声产生干扰，所以有旁白的内容就需要把配乐的音量调小，让用户能听清楚视频原声。

很多视频剪辑软件会推荐当下流行的音乐，例如，剪映会推荐抖音短视频最近的流行及热门音乐，如图5-64所示。因为用户对音乐非常熟悉，当听到熟悉的音乐时，就有一定的概率把视频看完，从而提高视频的完播率。在音乐的选择上，由于短视频适合简单直接地进入主题，添加音乐时尽量选择音乐副歌(高潮部分)或人们熟悉的部分，如果前奏过长，可能会使用户失去等待的耐心，影响其对视频的关注度。

(2)添加趣味音效

除了添加背景音乐，在视频中还可以添加一些趣味的音效。例如，很多综艺或电视节目中就有很多有趣的音效，提高了整个视频的趣味性。在剪映工具栏中点击【音频】—【音效】工具，软件展开音效窗口，其中提供了很多有趣的音频效果，适用于综艺、游戏、转场和机械等场景，如图5-65所示，剪映还会在特殊的时间节点推出有针对性的音效，有助于内容创作者制作出爆款视频。

图5-64　剪映推荐音乐

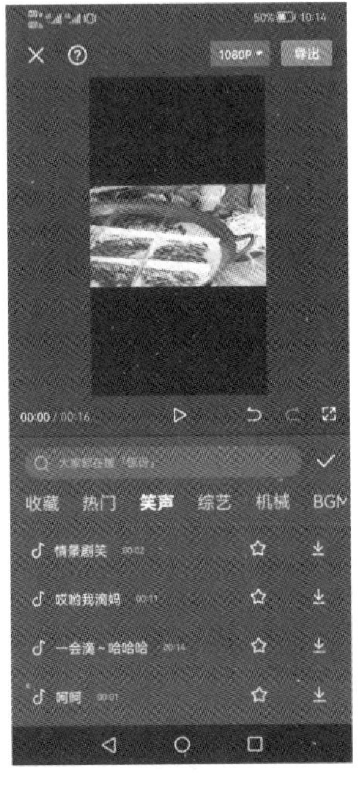

图5-65　剪映中的趣味音效

(3)添加其他音乐

如果剪辑软件中找不到想要的音乐或音效,我们也可以通过其他渠道把需要的音乐导入视频中。例如到网易云音乐、耳聆网、秒音网等音效素材网站下载声音文件,再在剪映的工具栏中点击【音频】→【音乐】→【导入音乐】将已下载的音频导入视频剪辑软件中,如图 5-66 所示。

在进行短视频内容制作时,内容创作者需要具备一定的音乐素养,特别是对音乐的觉察力。因此,内容创作者要多听多想,进行长时间的培养,平时可以多关注热门短视频里的背景音乐,思考为什么这样选择;也可以在拍摄视频时思考适合哪种类型的配乐,从而慢慢提高自己的音乐审美。在使用站外音乐(本视频剪辑软件,或者本短视频平台以外的其他音乐)时,需要注意版权问题,通常这些音乐仅支持个人使用,如果需要商用,内容创作者最好选择自己已经购买了版权的音乐,避免后期出现侵权纠纷。

(六)制作卡点动画

音频都是有节奏的,通常视频画面切换和视频动画都与音频节奏变化密切相关,我们可以利用踩点功能使画面变化卡在音乐的节奏点,使短视频更具冲击感。

操作步骤:选中蓝色的音轨,点击【踩点】工具,选择【自动踩点】和踩节拍方式,点击【√】确定,剪映就智能地在音轨的下方加上黄色的节拍点,如图 5-67 所示。音频踩点操作是为后续卡点操作做准备。

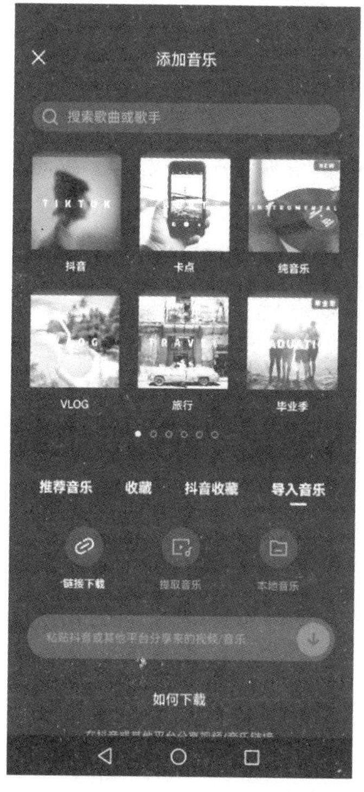

图 5-66　导入音乐

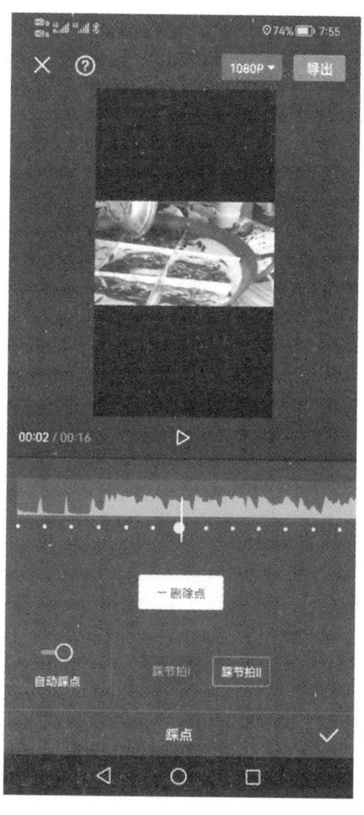

图 5-67　音频踩点操作

1.视频抖动动画

我们可以在踩好的节拍点上制作视频抖动的动画。

操作步骤:为了让动画更好地与音频节奏同步,我们先放大视频轨道,将竖线滑动到将产生动画画面的视频时间点上,通常这会与节拍点对齐,再点击创作辅助工具中的工具添加关键帧。制作一次抖动动画,需要3个关键帧记录变化信息,第一个关键帧保存视频屏幕的位置信息,第二个关键帧屏幕的位置发生变化,第三个关键帧记录原屏幕的位置信息。将竖线滑动到屏幕变化的位置依次添加第二个关键帧和第三个关键帧;再将竖线滑动到第二个关键帧,在创作效果展示区域中,向下移动视频,抖动动画就制作好了,如图5-68所示。

图5-68 关键帧抖动动画

通常视频抖动动画在短视频中不止一次,我们可以用上述的方法重复操作制作同类动画。

2.画面特效动画

在效果展示区域观看视频,如果发现抖动动画处没加特效动画效果不佳,可以再来给关键帧加特效。

操作步骤：在视频轨道上，将竖线滑动到需要添加特效的画面，点击工具栏中的【特效】—【画面特效】工具，在【动感】选项中选择【闪白】，如图 5-69 所示，在视频轨道下出现闪白轨道，如图 5-70 所示，可对其进行编辑。此时视频画面基调变白，视频播放出现闪白动画。

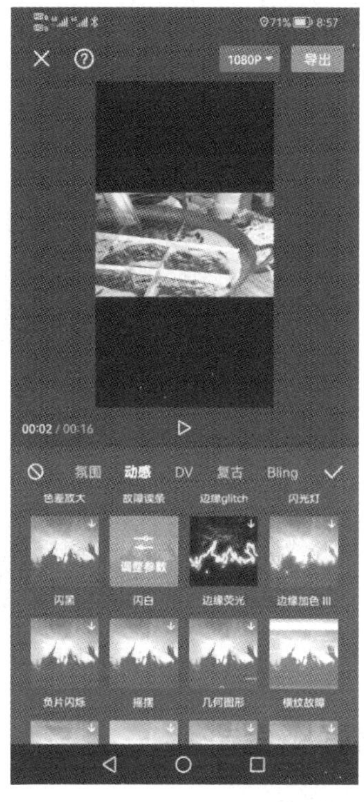

图 5-69　添加闪白特效

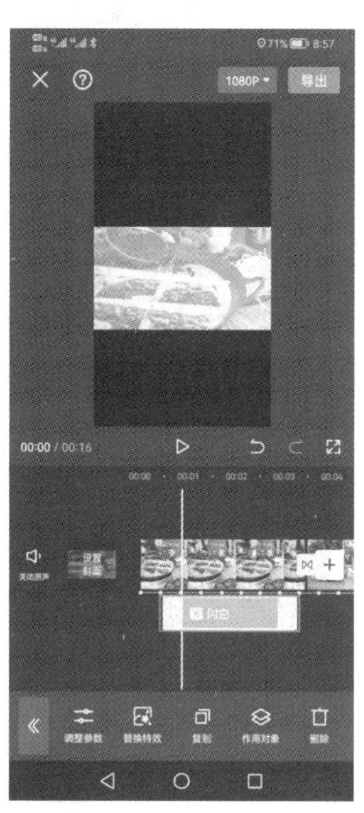

图 5-70　闪白特效轨道

（七）添加字幕

视频中添加了“小城夏天”，为其添加歌词字幕，我们可以手动添加字幕，也可以使用剪映的“自动识别”功能省时省力地添加字幕，但自动识别可能会因为发音不清楚、杂音干扰等原因出现失误，导致识别不精准。识别完成后，通常我们需要核对字幕并进行二次编辑。

操作步骤：点击工具栏中的【文字】—【识别歌词】工具，如图 5-71 所示，在音频轨道的下方生成了字幕轨道，将字幕移到视频合适的位置，如图 5-72 所示。选中字幕轨道，点击【批量编辑】，核对修改字幕；点击【编辑】，可以编辑字幕的字体、样式、花字、动画效果等，也可以使用现成的模板，从而提高字幕的设计感和美观度，如图 5-73 所示。我们可以通过预览效果观察字幕的编辑效果并进行调整。音频多长字幕就有多长，音频与字幕要对齐。字幕轨道可以通过裁剪功能调整文字出现的时长，也可以按住文字左右移动，改变字幕的位置。

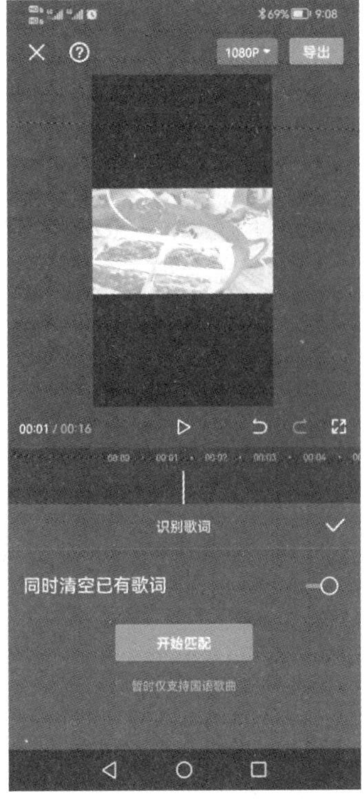

图 5-71 自动识别歌词

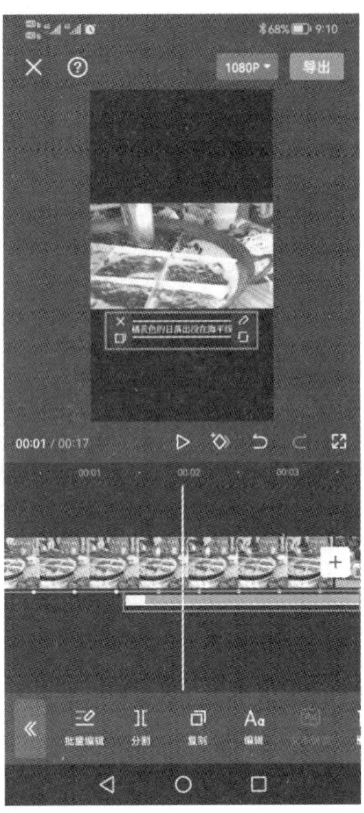

图 5-72 字幕轨道

图 5-73 编辑字幕

知识链接

短视频除了视频画面本身，字幕也是视觉上非常重要的因素。现在流行的带口音或方言的短视频，用户听不清或听不懂视频表达的内容，此时通过视频中添加的字幕，用户在观看视频时就能够理解视频内容。通常在短视频中添加的字幕主要有正文字幕、花字和封面三种形式。

(1)正文字幕

正文字幕是较普遍的一种字幕呈现形式，一般短视频中有说话声音都建议添加，且字幕采用常规字体。如果短视频是竖屏视频，则字幕尽量放置在屏幕下方二分之一处，这样比较符合人们的阅读习惯，如图 5-74 所示。如果使用横屏视频，则字幕可以放置在视频画面下方的黑屏处，如图 5-75 所示。如果是人物出镜视频，字幕则通常放置在屏幕下方，不挡住人脸，如图 5-76 所示。

提示：添加字幕时，字号不要设置太小。因为手机屏幕本就不大，字号太小就容易看不清楚，影响用户观看的舒适度，甚至影响用户对视频的关注度。

(2)花字

在观看短视频时，我们发现在视频重要的位置会有很多关键词字幕，并且字体与正文字幕差异较大，非常明显，可以直接吸引用户的注意力，这种关键词字幕称为花字。花字是对视频内容的修饰，可用于表达故事内容或重点信息，也可用于增加视频的趣味性和多样性。在视频中添加花字的目的是强调重点内容，添加花字时应该尽量保证在不影响视频画面主体的情况下，设置颜色鲜明且字号较大的花字，让用户直观地看到花字内容，如图 5-77 所示。

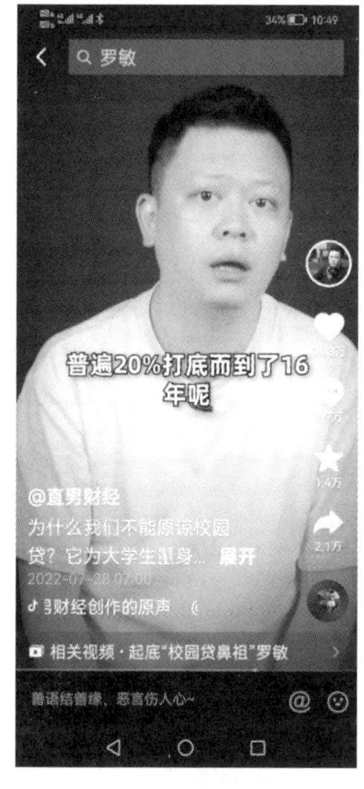

图 5-74　竖屏视频的正文字幕

图 5-75　横屏视频的字幕

图 5-76　人物出镜视频的字幕

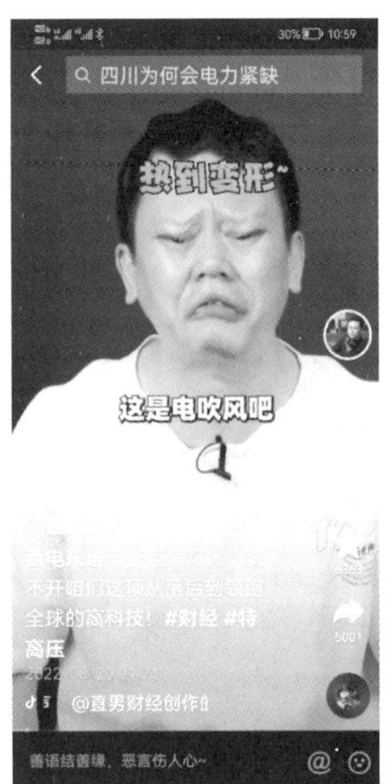

图 5-77　花字字幕

(3)封面标题

除了正文字幕和花字，我们还可以在视频的开端或结尾添加封面和封底。视频封面就相当于文章的标题，突出显示关键信息，是向用户展示的第一帧画面，即使不播放视频，用户也能清晰地了解视频的主题。优秀的封面能够吸引用户的注意力、激发用户的好奇心，并促使用户点击观看视频，对提高视频播放量具有很大的促进作用。

在剪映的编辑素材区域中点击【设置封面】，进行封面编辑，也可使用模板，如图 5-78 所示。

短视频封面通常有以下两种类型，一种是统一格式的封面，另一个风格各异的封面。统一格式的封面比较适合持续稳定产出同类型的视频账号。如图 5-79 所示的封面文字颜色和字体非常统一，并且用简单的语言描述了视频主题。风格各异的封面只要写清楚视频内容即可，由于视频列表中的封面尺寸非常小，为了把信息传递给用户，通常需要通过字号大小和颜色变化吸引用户的注意力，因此该类型的封面字号通常比较大，颜色明显且丰富，如图5-80所示。

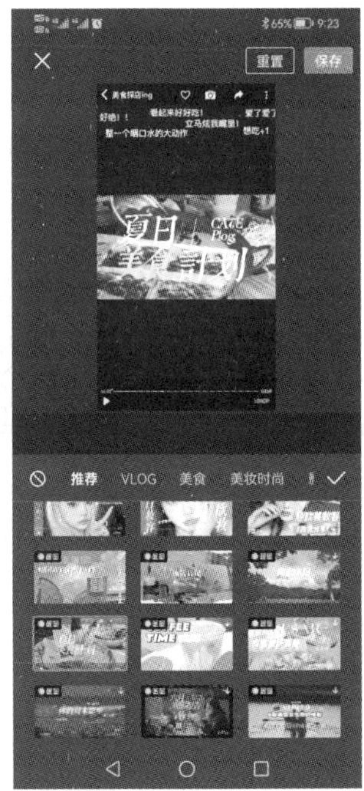

图 5-78　设置封面

提示：在为短视频创作标题时，切记要避免使用过于专业、冷门或生僻的词汇，以免造成用户阅读障碍，也要避免短视频平台难以识别。如果标题只有行业内的专业人士才能看懂，即便视频内容很好，点击量也不会高，且平台的审核推荐率也会很低。

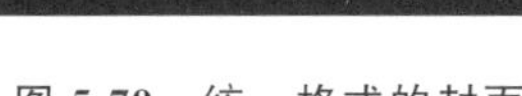

图 5-79　统一格式的封面

图 5-80　风格各异的封面

(八)调色输出

我们可以根据视频主题,使用画面特效包装已剪辑好的视频,使用其格调与视频主题更切合。选中视频轨道,在工具栏中点击【特效】→【画面特效】,选择【DV】中的【DV 录制框】,并调整参数,如图 5-81、图 5-82 所示。

图 5-81　DV 录制框

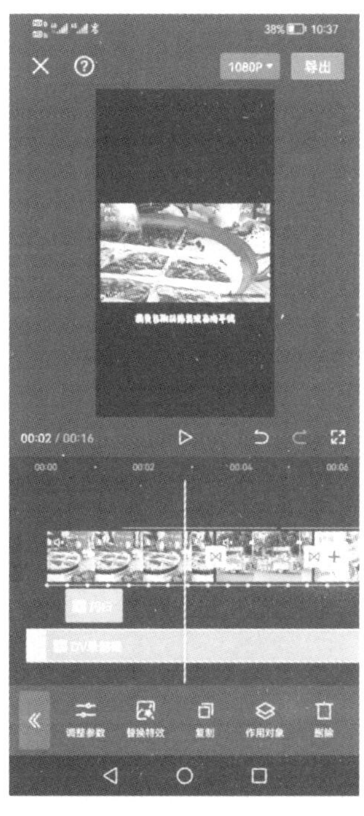

图 5-82　DV 录制框轨道

最后设置短视频的分辨率和帧率并导出成品。分辨率、帧率控制视频的清晰度和流畅度，使用户观感更好。

提示：轨道是贯穿于剪辑的全过程操作。

任务评价

我们通过上述的任务实施简单地把视频剪辑流程操作了一遍，实际中没有可以完全复制的剪辑操作，因为短视频的主题不同、素材不同，要做的剪辑工作也不同。在上述的任务实施中我们只使用剪映的一部分功能，在今后的实操过程中我们会扩展使用到其他功能。

综上所述，短视频的后期剪辑需要技术和技巧，更离不开视频创作者的剪辑思路和审美水平。一条完整的短视频，需要前期策划、中期拍摄和后期处理等多个流程，特别是前期的构思和脚本创作更应该多下功夫。而对于短视频剪辑人员来说，需要多看多练多对比，在实践中不断提高自己的视频剪辑能力。

请同学们根据自己的账号定位确定一个视频主题剪辑收集到的视频素材，并导出短视频。

请短视频创作团队根据剪辑导出的视频进行任务评价（见表 5-18），并提出修改意见。

表 5-18　短视频评价

短视频整体评价		
视频主题		
评价内容	评价	修改意见
拍摄时间		
拍摄场景		
拍摄人物		
拍摄道具		
拍摄内容		
风格		
配音		
气氛		
参考视频		
二次创新点		
具体镜头细节评价（从场景、画面内容、时长、台词、音乐、字幕、特效等方面评价）		
镜号	评价	修改意见
1		
2		
3		
4		
5		

Project
Six

项目六　账号运营和视频数据分析

课程思政

在流量时代，数据可以体现在社交媒体平台中的内容播放量、关注度、参与度等，数据是最有说服力的依据。我们在账号运营中，要尊重数据，有时候我们觉得好的视频，数据不一定好。客观地对待数据，不要伪造数据，刷流量、刷关注都是不可取的，对账号粉丝的精准度不利。

任务一　短视频账号运营

任务目标

1. 账号运营策略。
2. 账号精细化运营技巧。
3. 增强与粉丝互动，提高粉丝黏度。

任务描述

短视频经过策划、拍摄、制作后，在平台进行发布，这也正式进入运营推广环节。一个短视频或账号想要长期受到关注，仅仅有内容是远远不够的，只有配合有效的运营推广、数据分析和恰当DOU＋投放才可以打造出热门短视频。

任务分析

在本任务的学习和操作过程中，要了解账号运营的策略，根据用户需求创作内容，保证账号稳定持续输出内容，增加与粉丝互动，引导粉丝关注，同时要掌握账号精细化运营的技巧，优化账号内容，提高粉丝黏性。

任务实施

一、账号运营策略

(一)了解用户,找到内容

优质的内容是引流增粉的第一条件,不仅能让平台辅助加持流量,还会引起更多人的关注。很多创作者在创作内容的时候,都是根据自己的兴趣爱好,但其实内容的理解门槛越低、选题越大众,能够接受账号内容的用户就越多,所以在运营账号的时候一定要站在用户的角度去思考问题。运营者可以把自己当成观众,当你在抖音刷视频的时候,你想要看到什么内容?哪种表达形式能让你看进去?哪种内容能让你忍不住点赞?可以反思下,自己创作的内容是否做到了以上几点。

(二)稳定更新、持续输出

在运营账号的过程中,运营者要坚持稳定产出高质量的视频,哪怕运营账号的初期,可能流量没有特别好,也千万不要放弃更新,只要在稳定更新、持续输出的过程中,根据观众的反馈,不断调整自己的内容,肯定能够等到产出爆款的一天。等账号粉丝突破万人门槛,视频的流量也会逐渐提升。

(三)加强互动、引导关注

在运营账号的过程中,大家不仅需要用优质的内容吸引路人转粉,而且要多与用户交流,在视频里通过口播、动态贴纸等方式引导用户关注,或在评论区翻牌子回复评论,这些都是很有效的互动方式。

(四)矩阵互推、多渠道引流

可以通过大号带小号,或多个账号形成传播矩阵,进行矩阵互推引流。主平台的流量稳定之后,可以进行全网传播,同步到多个平台,如小红书、百度贴吧、腾讯微视等,带动全网粉丝量的增长。同时,可以利用线上线下相结合的方式,多渠道引流。

此外,布置好自己的个人主页也是非常有必要的,如果用户被某个视频吸引后,会很自然地点进个人页,去浏览账号的其他视频内容,账号主页的信息决定了用户会不会贡献一个"关注",所以主页的顶部头图,可以使用一些有意思的或者符合账号人设的图片引导关注,个人简介部分可以体现账号的内容方向和个人特色,让用户清楚地知道,可以从这个账号看到什么样的内容。视频的封面也千万不要马虎,虽然在刷视频的时候,用户看不到视频的封面,但是清晰美观的封面,会让点进账号主页的用户清楚了解到账号过往的更新,甚至还会吸引用户观看账号的历史内容,

二、账号精细化运营技巧

(一)标题技巧

短视频标题经常被大家忽略,却又是视频创作中非常重要的一个部分。短视频标题就是我们发布视频时要填写的关于视频描述的文案,它会出现在用户浏览视频时的左下方,通常是对视频的概括性表述,也是对每天视频要表达的核心内容的概述,也可以是对视频的理解和感悟。好的短视频标题可以帮助视频,提升完播率和互动率。

1.标题的重要性

(1)与内容极为相关,用户通过标题就能够知道接下来的内容是什么,是不是感兴趣的话题或是希望看到的内容。

(2)包含关键字,关键字对于用户检索和平台推荐有着至关重要的作用,标题中的关键字能更好地抓住用户的注意力。

(3)引起兴趣,这里的兴趣包含观看下去的兴趣和分享传播的兴趣。观看下去的兴趣需要标题留有悬念和未解答的问题,在观看之后获得答案;分享传播的兴趣则需要引起用户的共鸣和共情,并在内容中对这一情绪点进行强化,实现分享传播的目的。

2.标题撰写

(1)筛选热门关键字

这一点与前面的账号内容定位有异曲同工之妙。在撰写标题时,先进行相关内容的关键字收集和研究,了解用户在这一内容下关心什么、查找什么,并以此关键词为核心内容撰写标题,正确的关键词能够对内容的流量产生巨大影响。

(2)多写几个标题从中进行筛选

很多时候,我们顺利地完成了图文内容或视频内容的创作,却发现无论怎样都想不到一个满意的标题,这时可以尽可能多地撰写与创作内容关键词相关的标题,强迫大脑不断去寻找新的灵感和新的语句组合,激发灵感,总会有满意的出现。

(3)避免标题过长

平台内容标题可显示多行,在手机上一行可以显示约 20 个字,如果超出默认显示范围,就会有“展开”的按钮,点击一下就可以看到完整的标题。平台已经放开标题长文本发布,标题最长可以到 500 字且可以换行,但要注意的是,太长的标题会影响用户对信息的理解,甚至在屏幕上都无法完全显示,这样的标题只会埋没优质的内容。标题要直截了当,将最精彩的内容呈现在用户面前。

(4)向优质账号学习

热门推荐、首页推荐里的诸多优质标题,是我们学习的绝佳机会,取其之长,为己所用,日积月累便能拥有自己的标题库,需要的时候从中找出合适的标题模板,并进行二次创作,最终形成自己的风格。

恰当的标题文案可以让用户在观看视频内容时有更好的体验,建议运营者花一定的心思维护,但也不要舍本逐末,因为最重要的还是视频内容本身的质量。对于长视频,更好的文案可以让用户快速决定是否要看下去,它的作用类似于视频的前几秒。运营者要清楚,用户是可以接受正常的标题引导的,但不要做“标题党”骗取互动。

(二)封面图

因为抖音的场景是刷到就直接播放,用户在刷到视频时是看不到封面的,因此封面对主要消费场景的影响没有那么大。但是,如果用户点进个人页,封面的作用就体现出来了。通常用户希望能够在个人主页通过封面迅速检索到自己想要看的短视频内容,因此,运营者在做封面的时候要考虑如何节约用户的时间成本。同时,封面会影响个人主页的观感,对于长视频更加重要,所以建议运营者适当建设封面图,以此收获更多的流量。

1.如何选取封面

(1)有人物元素,封面凸显故事情节

短视频内容以人物为主的一般是有故事情节或者才艺表演。有故事情节的视频会包括起因、高潮、结果。能增加吸引力的封面必然是能突出剧情高潮冲突点的截图或动态图,因为故事的主要矛盾点是很能吸引人的部分。

(2)“卖家秀”引导点击

对于抖音上很多直接卖货引流的账号,比如美食类、美妆类,一定要突出刺激点。美食类可以直接截图各色美食的图片作为封面,直接放出清晰、诱人的大图吸引用户的眼球,引导用户点开更多的视频,增加播放量和转化量。对于一些服装类账号,如果是针对某一特定目标人群,服装有自身的鲜明卖点和适用场景的视频,可以在封面上直接用突出卖点,让有特定需求的用户一看到封面就想点击视频,并且为后续转化奠定基础。

(3)文字覆盖,点明主题

除了以上图片、人物形式的账号,很多大号也都用了文字形式的封面。文字封面的好处就是可以直接点出视频的要点,用户一眼就可以获取关键信息。运营者可以提取视频关键点,制成文字贴在视频上,这样可以很直观让用户区分每个视频的重点和不同。文字形式可以用疑问句或是省略号的形式,让用户更有情境带入点或激起共鸣。如图 6-1、图 6-2 所示。

图 6-1　文字要点封面

图 6-2　文字形式封面

2.设置封面的注意事项

(1)清晰明亮

封面是视频给观众的印象,无论是静态图还是动态图都要尽可能清晰明亮,要让观众一眼就能看懂封面的意义。

(2)层次分明

封面的排版和布局要层次分明,不要与视频的其他元素相互阻挡。标题也一样重要,封面不能挡住标题,标题也不能影响封面。如果二者互相干涉,对二者发挥的作用同样有影响。如图 6-3 所示。

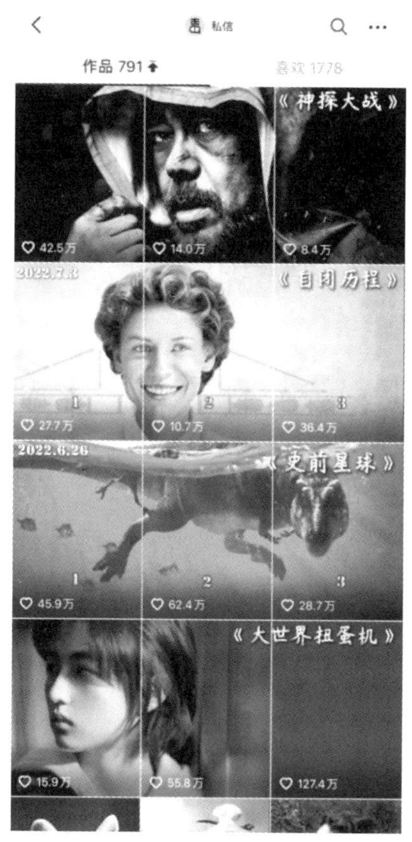

图 6-3　封面设计

(3)重点突出

无论是有故事情节的视频还是没有故事情节单纯表演的视频,如果封面上需要有人物全景出现,那么人物应该尽可能处于中间醒目的位置,这样可以帮助观众更快地找到重点。

(4)适当保持统一的风格

图片和文字介绍可适当保持统一的风格,做到整体美观。

(三)话题

根据自己的内容,添加一个合适的话题,可以增加内容的曝光度。话题数量以三个为最佳,话题过少,获得流量的机会也会减少,而选择过多,又可能不够精准。

1.选择领域话题。领域话题是指平台对视频作品分类的第一个大类,也就是说涵盖最广的一类话题,如“宠物”“校园”等广泛的话题。

2.添加更具体的话题。例如账号发的是小猫视频,就可以在“宠物”话题后继续细化,如“小猫”。如果是学校生活的视频,就可以在“校园”话题后添加“宿舍日常”。话题更加具体,实现精准推送。

3.添加热点话题。如果账号视频跟抖音热榜内容关联很大,那么就要选择添加合适的热点话题,去蹭一波流量。只要内容关联足够紧密,是很容易通过热点话题审核的。

如图 6-4 所示,拥有 2000 万粉丝的抖音账号**@欧文浩**,在全国大学生开学军训期间创作的作品,添加了契合当下的#军训热点话题。

图 6-4 添加热点话题

(四)发布时间

对于短视频发布时间,很多运营者在网上总结了非常多经验,其实抖音官方都不大认可,平台还是更加注重内容本身的质量,官方还通过相关分析,表明了优质的视频内容什么时候发都会火,所以视频的发布时间没有太大影响,但这也不代表运营者可以在任意时间发布视频,不同类型的短视频有不同的黄金发布时间,运营者还是要根据账号内容和目标用户行为习惯来确定发布时间。

例如：

1.幽默搞笑类视频：一般适合在12:00—14:00发布，因为这个时间是大多数人的午餐时间，休闲放松的时候刷抖音短视频就非常适合。

2.萌宝萌宠类视频：一般适合在20:00—21:00发布。妈妈们忙碌了一天终于有了休息的时间，会更愿意在抖音上寻找各种创意和育儿视频。

3.情感、鸡汤类视频：适合在21点之后发布。人们更愿意在安静的时间看及糖类的视频和文字。吃完晚饭精力比较集中，心灵更加柔软，更容易被鸡汤打动。

大部分用户会在吃饭前和睡觉前刷抖音，时间主要集中在12点、18点和22点前后，这三个时间段是平台流量的高峰期，在这三个时间段内发布视频，有机会获得更高的流量，运营者可利用多种数据分析软件（例如：飞瓜、卡思等）分析，摸索自有粉丝群体的活跃时间，综合考虑，优化最佳发布时间。

（五）快速吸粉

想要快速积累粉丝，做爆款是最佳的途径。想要打造爆款视频则需要把握好以下几点：

1.如果前期内容垂直度高，涨粉速度会比较快。例如账号通过分享了一篇投稿平台的爆款内容，快速积累了第一批种子粉丝，两周过去了这个内容每天还是会不停地产生点赞量。

2.专注某一个领域，在某个领域深耕，这是作出爆款的前提，要特别注意的是千万不要发违规的内容。

3.积极参加官方活动，不断跟进具有头条性的话题和热点。

4.做有争议的内容，在评论区引发激烈讨论，有了人气就不愁没有粉丝。

（六）借鉴头部账号内容，学习创作思路

内容建议原创，如果实在不知如何做爆款内容，那么可以找与账号定位相似的头部账号，参考借鉴他们账号的内容是如何做的，学习内容创作的思路，但别照搬照套，学会变通是成功的开始。

三、增强与粉丝互动，提升粉丝黏度

账号想要留存粉丝，提升粉丝的黏度，就一定要增强与粉丝的互动，让粉丝有参与感，具体可通过以下方法增强与粉丝互动，提升粉丝黏度。

（一）在视频中引导粉丝互动

1.在视频中抛出问题，引导粉丝留言。

例如千万级账号**@年糕妈妈**的带货视频提出问题：这些秋天专属的宝藏水果，太适合娃吃了，你都知道吗？如图6-5所示。

2.在视频中设计感动、启发、整蛊的内容，引发粉丝的转发与收藏，例如：胆子大的人才敢转给好朋友看。

3.在视频的文案中引导粉丝点赞和评论，例如：男女搭配干活不累，老板说了，今天男女双打，所以提成不计件，只记视频的爱心数，兄弟姐妹们就靠你们了！

4.在视频中特意留槽点，引发争论和议论。例如视频中所讲的第一点和第三点自相矛盾，当然这是故意的。

图 6-5 @年糕妈妈

(二)在评论区引导粉丝互动

1.在视频评论区，自己给自己一个神评论，让有趣的灵魂增强粉丝的黏度。例如账号@房琪 kiki 在视频评论区的评论(见图 6-6)，收获了 2099 个赞，引发大家的讨论。

图 6-6 评论区互动

2.在互动量不多时,尽量做到逢评必回,同时解答粉丝问题,让粉丝感受到账号运营者的细心与耐心,提升好感度。

3.在评论区置顶粉丝的问题,引发其他粉丝参与讨论。

4.在评论区有小号带节奏,引导粉丝从众心理参与讨论留言。

(三)通过互动投票引导粉丝互动

可以在视频中设计一些争议话题,或者需要粉丝选择的内容,通过视频贴纸或设计投票链接,让粉丝参与投票,用争议性话题引发粉丝互动。

任务评价

根据表 6-1 的内容,进行自检。

表 6-1　短视频账号运营

鉴定点	学生特色	分值	学生填写
短视频账号运营	账号运营策略	30	
	账号精细化运营技巧	40	
	增强与粉丝互动,提升粉丝黏度	30	

知识链接

1. 抖音账号日常运营维护。
2. 短视频 BGM 的选择与封面设计技巧。
3. 掌握驱动规律,让你的粉丝主动转评赞。

任务二　账号数据分析

任务目标

1. 熟悉账号数据分析的工具。
2. 理解账号各项数的内涵与意义。
3. 具备账号运营数据分析能力。

任务描述

无论是作品内容创作,还是记录日常生活中的美好时刻,对于创作者来说,任何一条短视频作品产出都是十分难得的。作品的创作需要具备丰富的创意性和拍摄想法,需要专业的拍摄剪辑技术,所以当作品完成以后,都希望得到更多正向的反馈,这就要求运营者理解视频发布后的各项数据,能够根据各项数据进行内容创作优化和营销策略调整。

任务分析

想要对账号进行有效的数据分析，进而优化作品，就要了解各项数据的内涵、意义和重要性，能够通过平台或第三方的数据分析软件或工具，掌握账号数据分析的方法，科学地对各项数据进行分析，提升账号数据分析运营能力。

任务实施

不管做什么平台，数据分析都是非常重要的。首先，数据分析可以检测出账号出现的问题，及时作出调整。不管是主观原因还是客观原因，都要第一时间排查，找出原因，及时修改。其次，数据分析还可以指导我们的运营策略，比如分析受众的活跃时间点、竞争对手的活跃时间点、得到精准的用户画像、用户喜欢的内容等等，后续帮助做内容的优化。数据分析是运营的重点，运营者要以数据驱动运营，视频发布后要及时观察视频的数据反馈，时刻关注数据的变化。那么如何获取账号的数据呢？

一、账号数据分析工具

（一）手机端抖音平台自带的数据分析工具

通过抖音【创作者服务中心】的数据看板，可以了解数据的互动指数、播放量、完播率、粉丝净增等一系列的数据，这些都是用户给账号最好的数据反馈。具体步骤如下：

【我】→【≡】→【创作者服务中心】→【数据中心】

“数据中心”可以查看账号数据、详细数据、粉丝数据等，其中，【账号数据】可以看到账号的播放量、完播率、粉丝净增、投稿率及互动指数等指标，以及账号数据指标和同类账号的对比。如图 6-7 所示。

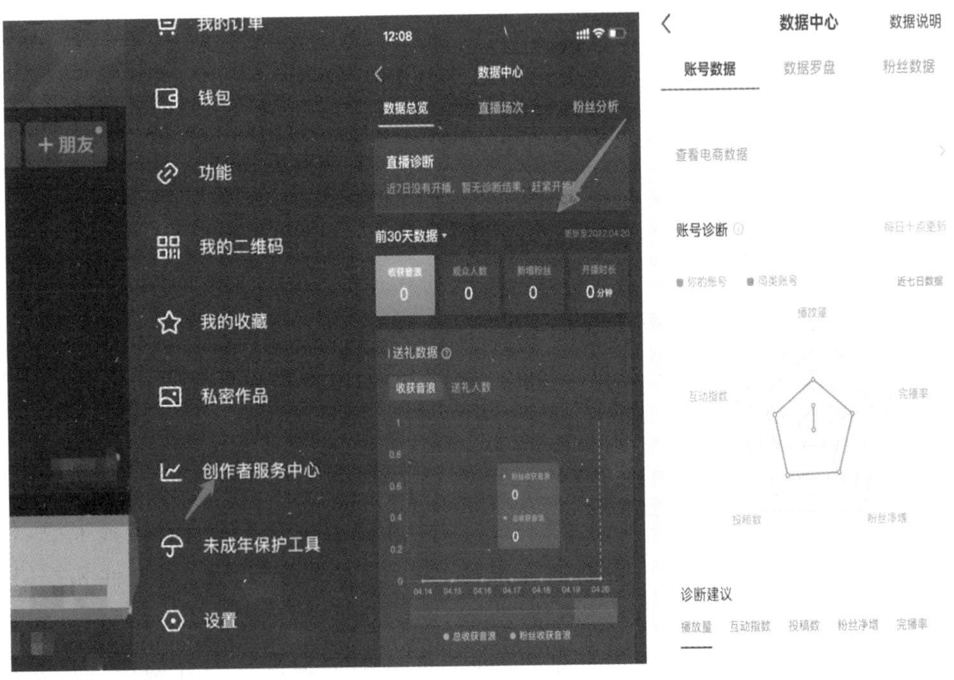

图 6-7　抖音创作者服务中心

（二）PC端抖音创作服务平台

创作服务平台网址为：https://creator.douyin.com/。登录后可以查看账号内容管理、互动管理、视频数据、直播数据等内容，如图6-8所示。

图6-8　创作服务平台界面

视频数据可以查看账号数据总览（见图6-9）、单个作品数据、粉丝画像等更多数据详情。

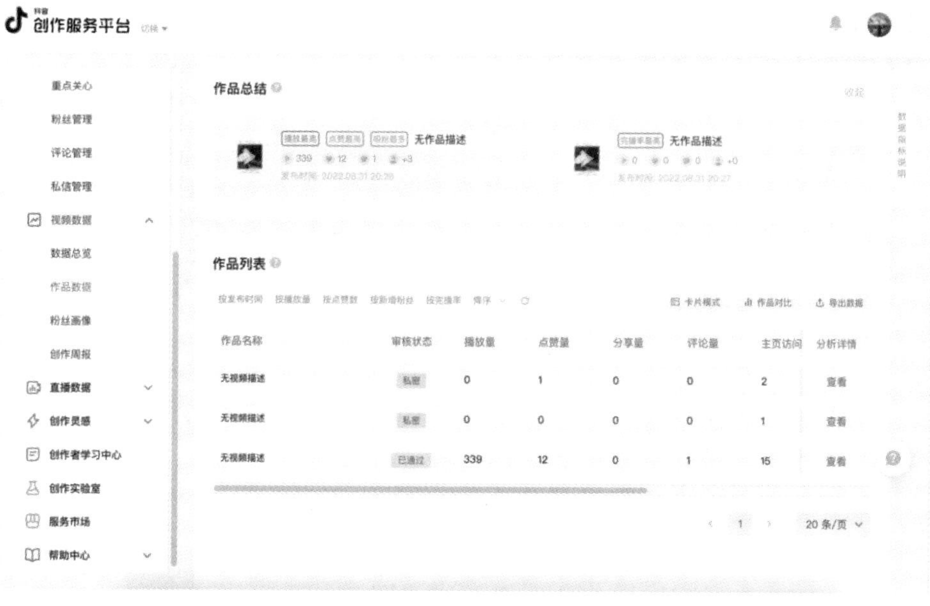

图6-9　账号数据总览

(三)第三方数据平台

1.飞瓜数据(https://dy.feigua.cn)

把账号输进 PC 端飞瓜数据就可以查看作品的各项数据,如图 6-10 所示。

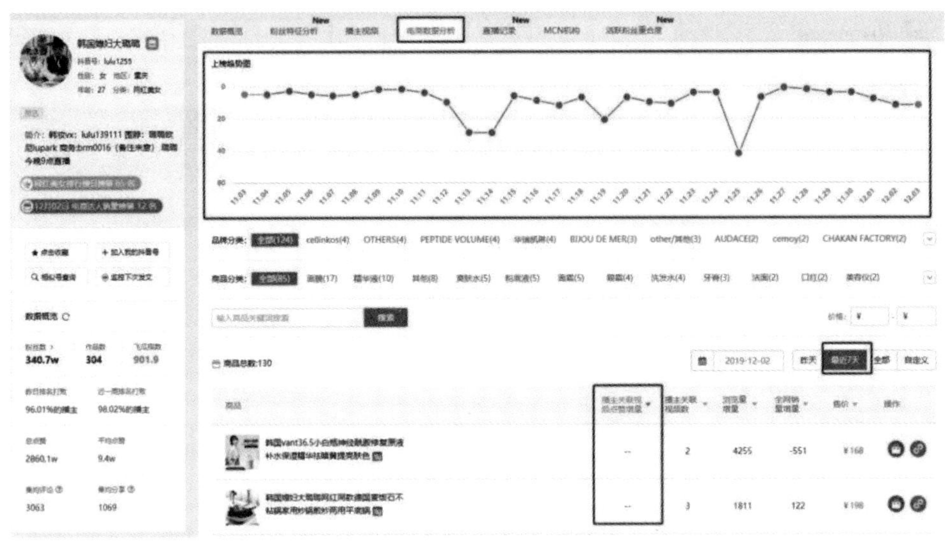

图 6-10 飞瓜数据界面

通过飞瓜数据查看账号热度分析(见图 6-11)、关注画像、数据总览等数据界面。

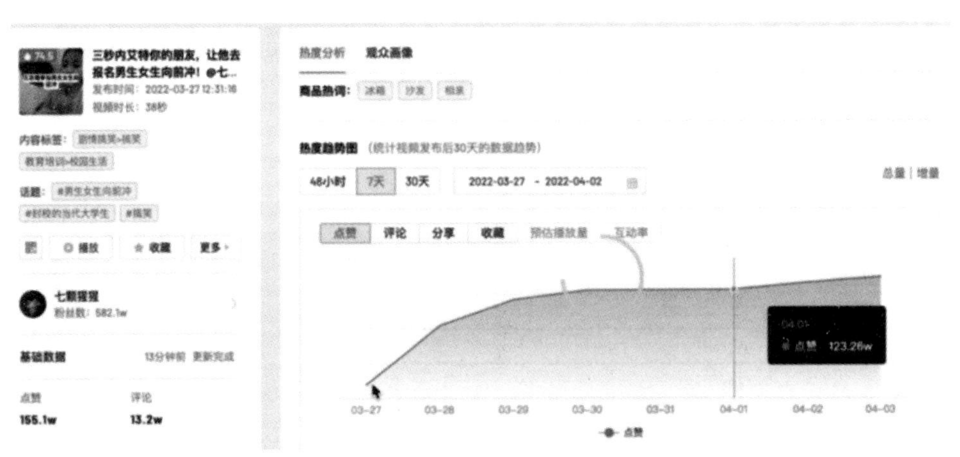

图 6-11 飞瓜热度分析

2.卡思数据(https://www.caasdata.com)

卡思数据是视频全网大数据开放平台,监测的平台不仅有抖音,还有快手、bilibili、美拍、秒拍、西瓜视频、火山小视频,主要功能包括:

(1)MCN 管理

MCN 管理是卡思数据为 MCN 机构提供的红人管理工具,支持认领各大短视频平台红人(抖音、快手、bilibili、美拍、秒拍、西瓜视频、火山小视频)及新浪微博红人。

认领后即可随时查看红人的各项运营数据（如粉丝趋势、视频的数据趋势等，见图 6-12），方便及时发现旗下红人的潜力与不足，从而及时调整运营重心，实现科学化、智慧化管理。

图 6-12　达人榜

（2）热门视频

支持各大短视频平台（抖音、快手、bilibili、美拍、秒拍、西瓜视频、火山小视频）热门视频查询，方便内容创作者进行参考和借鉴。如图 6-13 所示。

图 6-13　热门视频

（3）抖音背景音乐（BGM）

通过“总榜、周榜和日榜”来反映不同周期内的最热 BGM，方便内容创作者结合热门 BGM 进行内容制作。

（4）抖音话题

抖音话题分为“抖音挑战赛”和“普通话题”，支持用户按照“话题类型”“所属行业”“发起者”“时间范围”“播放量”“参与人数”“话题热度”进行筛选或直接搜索。

对于内容创作者来说，可针对热点进行内容创作；对于品牌主来说，可查看本品牌或竞品品牌的挑战赛投放效果。

(5)平台热点

通过对近7天各大平台的视频发文关键词和用户评论关键词进行词云分析，得出各平台的热点词云图，点击“热词”可筛选出与热词相关的视频、相关的BGM、相关的话题，进一步加强内容创作者对平台热点的洞察能力，如图6-14所示。

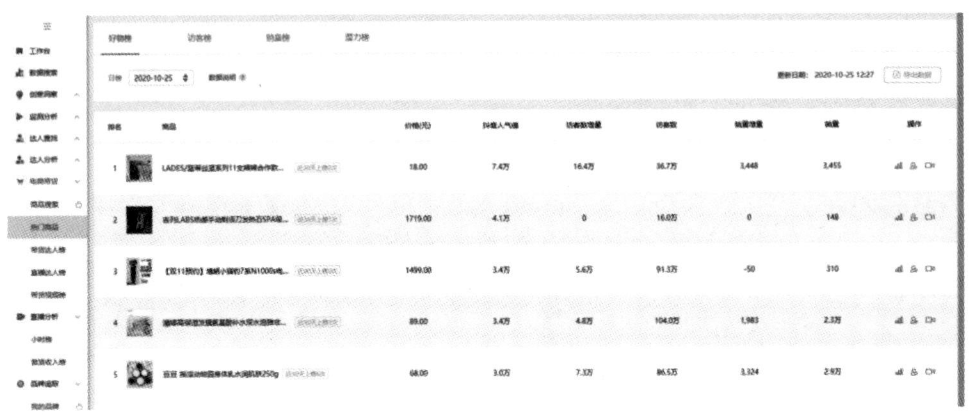

图 6-14 平台热点分析

(6)智能筛选

基于红人的内容分类、粉丝质量、视频数据表现、商业属性、粉丝画像(年龄、性别、地域)以及营销预算，来帮助广告主、广告公司筛选所需KOL红人资源，快速制定精准、有效的自媒体组合投放策略。

(7)粉丝解析

从粉丝质量(粉丝贡献、互动参与、优质粉丝)、粉丝画像、粉丝兴趣等维度全面解析红人粉丝，以此更全面解读红人的商业价值以及粉丝兴趣偏好，帮助广告主找到最具性价比、效果最优的KOL红人。

除了以上功能外，卡思数据还有红人对比、粉丝重合分析、分钟级监测、平台红人分布、品牌追踪、榜单相关等功能。

以上就是常用的视频数据分析工具，通过专业的抖音数据分析，可以检测出账号的问题并及时调整，也可以指导账号运营策略，帮助进行内容的优化，还能了解到行业的最新玩法，学习同行的热门“套路”，事半功倍。

二、账号数据分析

运营者熟悉了账号数据分析的工具，还需理解账号各项数据指标的内涵与意义，才能更好地进行账号运营。

(一)账号诊断类数据

1.投稿数：根据统计周期内发布的作品个数得出。

通常一个各项数据都好的优质视频作品，从上热门到冷却，时间一般不会超过一周，因此需要持续的高质量的内容输出，这就需要保证一定的投稿数量。

2.互动指数：作品的观看、点赞、评论、转发的综合得分。

运营者往往无法控制用户的观看、点赞及转发行为，但可以影响评论，所以要多留言多回复，评论多了才有可能让视频进入下一级流量池。

3.视频播放量：是指视频完成上传之后，经过平台推荐被观看的次数。

4.视频完播率：作品完整播放次数的占比。

抖音完播率＝看完视频的用户数/点击观看视频用户数×100

例如：10 个人中，有 3 个人看完了这个视频，那么完播率就是：3÷10×100％＝30％。

完播率基本反映了视频质量的好坏，15 秒以内的视频需要完整播放，这是视频的一条合格线。完播率高，抖音官方会进行下一个流量池的推送。如果视频时长很长，内容又啰嗦无趣，用户没有耐心看完，会导致完播率差，平台就不会继续推荐。

对于新手，想要快速涨粉，那么账号的前五个视频时长最好控制在 7～15 秒，增加视频的完播率，千万不要一开始就发长视频。总之，用 15 秒短视频抢爆款涨粉丝；用内容有价值的长视频养粉丝，增加粉丝黏性。

5.粉丝净增量：账号净增粉丝数，通过涨粉数减去掉粉数得出。

（二）视频表现类数据

1.视频点赞量：作品获得点赞的次数。

如果说完播率是合格线，那么点赞量就是优品的推荐，点赞量越高得到的推荐也就越多。

2.视频分享量：作品获得分享的次数。

视频分享转发的人越多，传播的范围就越广，叠加推送的概率自然也会增加。

3.视频评论量：作品获得评论的次数。视频评论的人越多，就证明视频的内容越好。

4.主页访问量：观众访问创作者个人主页的次数。

5.取关粉丝量：取消关注的粉丝数量。

6.账号搜索量：账号在对应时间周期内，在搜索结果中用户曝光次数＋账号的所有作品在对应时间周期内因搜索带来的播放量。

7.作品搜索量：账号的所有作品在对应时间周期内因搜索带来的播放量。

（三）播放诊断类数据

1.播放时长分布：反映在作品总时长这段时间内，用户观看视频的持续程度。

2.播放趋势：播放量、完播率随时间变化的趋势。

3.作品点赞时间分布：在作品播放过程中每一秒点赞作者数量占所有观看用户的比例。

4.互动趋势：由播放带来的点赞、评论、分享等互动行为数据。

5.吸粉趋势：该作品所带来的粉丝新增和累积量变化。

6.商品点击：视频中左下方购物车入口点击量。

（四）受众信息类数据

1.性别年龄：作品受众的性别与年龄分布。

2.地区分布：作品受众的地区分布。

3.终端机型：作品受众的观看设备分布。

4.活跃情况:作品受众在抖音上的活跃情况分布。

5.兴趣分布:作品受众感兴趣的场面分布。

以上是短视频常见的数据指标,运营者要重点关注作品播放率的几个核心指标:完播率、互动率(点赞、转发/分享、评论)、平均播放时长等。

除了作品数据,还要分析用户数据,用户画像包括用户的喜好、性别、年龄、地区占比等。除了用户的数据表现,平时在做用户维护的时候,通过评论互动、私信等方式可以分析出用户的特点。

根据作品的数据、用户画像等综合的数据表现,对视频的选题、脚本进行调整,生产更符合用户喜好的内容,更容易打造爆款。

通过各项数据分析,可以对比自己账号的历史内容数据表现,也可和相似内容的头部账号数据进行对比,就能更好地定位出自己作品在各项互动数据中的表现水平,找到优化的方向。

三、流量分析与推荐机制

想要通过数据分析提高作品质量、打造爆款视频,从而获得更多流量,就要清楚抖音的流量机制及推荐逻辑。

(一)抖音流量机制

抖音的流量机制可以看作是数据加权的过程,作品发布后,平台会提供一个初始的流量池,若数据表现足够好,平台就会推荐进入下一级更大的流量池。作品在这个流量池里的数据表现主要参照四个数据指标:点赞量、评论量、转发量、完播率。因此,制作视频时要想尽办法提高作品的质量。比如,点赞是源自用户对内容的认可、犒赏、收藏;评论源自内容所具备的互动点设置;播放完成度源自抓住持续注意力、把精华放在结尾等。

(二)抖音推荐机制

如果你的作品内容反馈良好,平台就会把视频推荐给更多的用户,否则就不会再分配流量。抖音的8个流量池如表6-2所示。

表6-2 抖音的8个流量池

序号	推荐层次	播放量要求
1	首次曝光	300次播放量
2	二次推荐	3000次左右播放量
3	三次推荐	1.2万～1.5万次播放量
4	四次推荐	10万～12万次播放量
5	五次推荐	40万～46万次播放量
6	六次推荐	200万～300万次播放量
7	七次推荐	700万～1100万次播放量
8	顶级推荐	3000万次以上播放量

第一次推荐：根据账号权重的大小分配 200～500 次的流量。如果视频反馈良好(点赞率 10%、完播率 60%等)，就会被平台认定为内容较受欢迎，并给予第二次推荐。

第二次推荐：为账号分配 1000～5000 次的流量。如果反馈良好，就给予更多的流量推荐，即第三次推荐上万的流量，依此类推。

如果仍然反馈良好，平台就会根据算法结合人工审核的机制，来判定内容是不是能上热门。一般情况下，作品在发布 1 小时以内，如果能达到播放量高于 5000 次、点赞数多于 100 个、评论数多于 10 条，就会有更多的推荐，如图 6-15 所示。

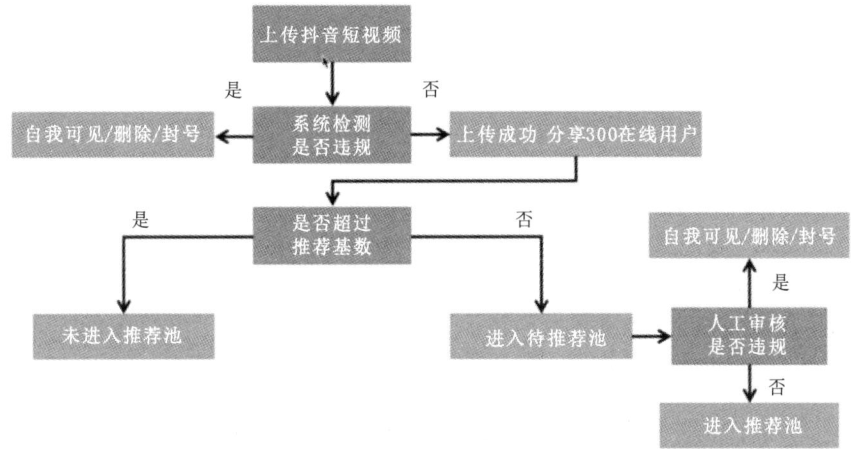

图 6-15　推荐机制

(三)精品或爆款推荐

当视频被不断地叠加推荐，用户互动数据表现很好时，那么恭喜你，有可能会进入精品推荐池，也就是抖音的顶级流量池。进入之后的视频会被作为热门视频推荐给更多的人，这时候会突破人群标签属性，也就是说无差别地曝光你的视频，那么获得的将是巨大的流量，这样的视频也被称为爆款视频。不过，高推荐曝光的时间，一般不会超过一周。

上述就是抖音流量的核心机制。当运营者了解到这些，是不是更清楚怎么打造爆款视频了呢？除了完成账号信息、做好视频内容之外，还是需要学会一些小技巧。比如当视频在初始流量池的时候适当地引入一些曝光和良性互动，是大有裨益的。运营者可以通过抖音官方的 DOU＋获得相应的曝光和互动，给视频提升热度。

任务评价

根据表 6-3 的内容，进行自检。

表 6-3　数据分析

鉴定点	学生特色	分值	学生填写
账号数据分析	熟悉账号数据分析的工具	20	
	理解账号各项数的内涵与意义	40	
	掌握平台流量分析与推荐机制，具备账号运营数据分析能力	40	

知识链接

1. 高水平创作者更关注哪些短视频指标?
2. 抖音推荐算法是怎样的?

任务三 DOU+投放

任务目标

1. 了解 DOU+投放入门。
2. 掌握 DOU+投放的要点。
3. 能够正确地进行 DOU+投放。

任务描述

对于新手创作者来说,视频发布出来后,一般比较难达到 10 万的点赞量,如果视频发布后的 2~3 个小时之内能突破万赞,那这个视频后续有可能成为一个大爆款。这时候运营者应该如何为视频提升热度,提升视频的数据呢?

任务分析

对于新号,平常视频作品点赞量肯定比较低,可能也就几十个、几百个赞,如果突然有个视频作品超过 1000 个赞,甚至点赞量还一直在往上涨,那说明这个视频至少是一个小爆款,这种情况下运营者就可以尝试去投放 DOU+。

任务实施

一、DOU+的含义

DOU+是抖音官方为抖音创作者提供的一款内容加热工具,可将视频推荐给更多兴趣用户,提升视频的播放量和互动量,帮助创作者更好地进行内容运营和品牌建设。简单来说,就是花钱买流量。

如果账号某个视频各项数据不错,有成为爆款的可能,运营者可以选择投放 DOU+进一步引流。投放 DOU+时先小额投放一部分,投放完后看看数据反馈,如果数据还在继续涨,或者是投放后的数据超出了预期,那就可以适当地追投。DOU+投放把握的原则是:少量多次、小额多投。

那么怎样判断视频有爆的苗头呢?上个任务重提到过,决定一个视频能否上热门的因素主要有 4 个:完播率、点赞率、转发率、评论率。通过实践总结了以下四种视频适合投放 DOU+的条件:

1.完播率——尽量选择 15~30s 内;

2.点赞率——一般点赞率达到 5%~10%,就有爆的潜力;

3.转发率——一般转发率在1%左右；

4.评论率——1%左右。

同时还需注意：一旦错过了视频助燃黄金期，再怎么烧DOU+都无济于事。

二、DOU+投放的要点

(一)投放目标

对新账号来说，增粉是最关键的。账号有了1000个粉丝才能开橱窗，才可能进行引量，才能更好地增加大家对你的信任度。当账号出现万赞以上爆款视频时，选择点赞、评论量大的视频投放DOU+，可以助推视频进入更大的流量池，让视频得到更大的流量推荐。

(二)投放什么内容

无论账号是做什么类型的短视频内容，最重要的还是内容的质量要好。如果内容差，投再多的DOU+都是浪费。在投放内容选择时，核心应该关注视频的前5s完播率(见图6-16)，能达到40%以上的可起投，如未达到则不建议投。

日期	账号	投放金额	投放时长	播放量	点赞量	评论量	分享量	5S完播率	点赞率
2022/3/25	厨艺小天菜	100	12小时	2131	356	2	0	26.10%	16.6%
2022/3/25	薇薇美食记	99.4	12小时	5494	1014	9	6	46.00%	18.46%

图6-16　5S完播率

(三)投放时间

1.投放时段：

DOU+在投放的时间点选择上也很关键，一般视频发布之初就开始投，如果看到视频有爆的苗头，大概视频发布一小时后，在用DOU+助推一把，让视频曝光的概率更高。

平常投DOU+的时间最好是按照用户刷抖音频率高的前30分钟左右进行，投直播间需要提前1小时。因为DOU+审核大概需要半小时左右，再预热一段时间，正式开始推荐刚好就是用户刷抖音的时间段，如图6-17所示。

投放时段

早上7—8点

中午10—11点

下午4—5点

晚上6—7点

晚上9—10点

图6-17　投放时段

2.投放时长选择：

(1)新发布的视频，想快速起量，优先选6小时(预算低的情况下2小时太短，容易浪费或投不出去)；

(2)视频已发布一段时间，想要助推数据冲击破流量池推荐的，选12小时；

(3)给老视频提升热度，对时限没有特殊要求的，可选24小时以上；

(4)晚上22点以后投放，不要选择6小时(夜里时段和流量质量不好)。

（四）目标人群范围（见图 6-18）

图 6-18　目标人群选择

起号初期选择系统智能推荐，即系统自动识别视频后推荐给适合的兴趣人群。

在账号还没有定位的情况下，使用系统智能推荐的效果往往会好过自定义。如果账号有很清晰的定位，就可以选择自定义定向推荐。

（五）投放逻辑

视频的投放是有一定逻辑的，系统基于完播率来决定播放量。视频 A 在第一个 20 分钟可获得的播放量有 10000 次，下一个 20 分钟就可以有 14000 次；如果完播率 15%，预估再下一个 20 分钟，播放量为 17000 次；若是完播率为 25%，则预估再下一个 20 分钟的播放量为 19000 次。如图 6-19 所示。

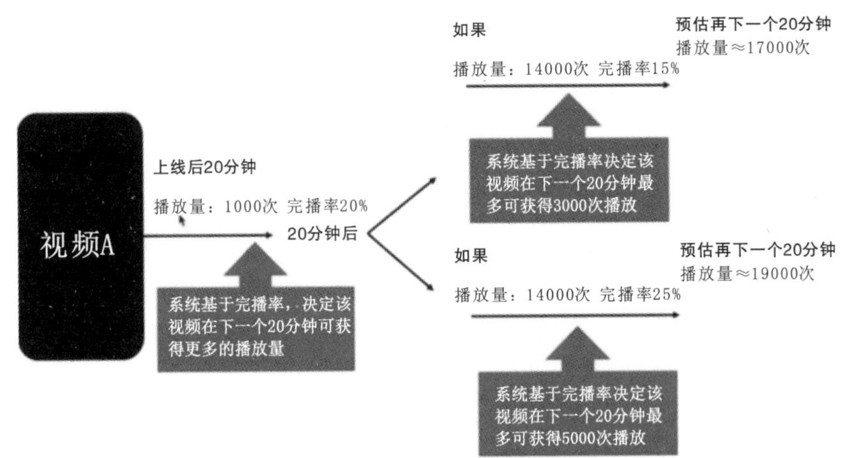

图 6-19　投放逻辑

（六）追投策略

1.投放效果评估

同一个视频，给到系统寻找感兴趣的用户和测试反馈的时间越长，同等预算下，时间长的投放订单效果上会有一些优势，性价比更高，如图 6-20 所示。

账号	投放金额	投放时长	播放量	点赞量	评论量	分享量	5S完播率	点赞率	推荐粉丝比例		转化点赞评论成本
									男性	女性	
不齐舞团	500	6小时	15011	5434	31	15	36.70%	36.20%	43%	57%	0.09
不齐舞团	500	12小时	17938	6628	28	34	37.50%	36.90%	37%	63%	0.07

图 6-20　投放效果评估

数据不太好的，可以直接将视频隐藏，之后再放出来，这样就会停止投放，没消耗的钱会被退回来。

2.追投时机

观察分析 100 元预期 5000 次播放量、100 元预期 1000 个点赞量的实际数据效果，播放和点赞都双双大于预期时，可酌情考虑追投；如点赞和预期及格，但评论和分享等互动数据超出预期，也可以酌情追投；当 5s 完播率和点赞率在 50%左右的时候，也可以酌情考虑追投，如图 6-21 所示。

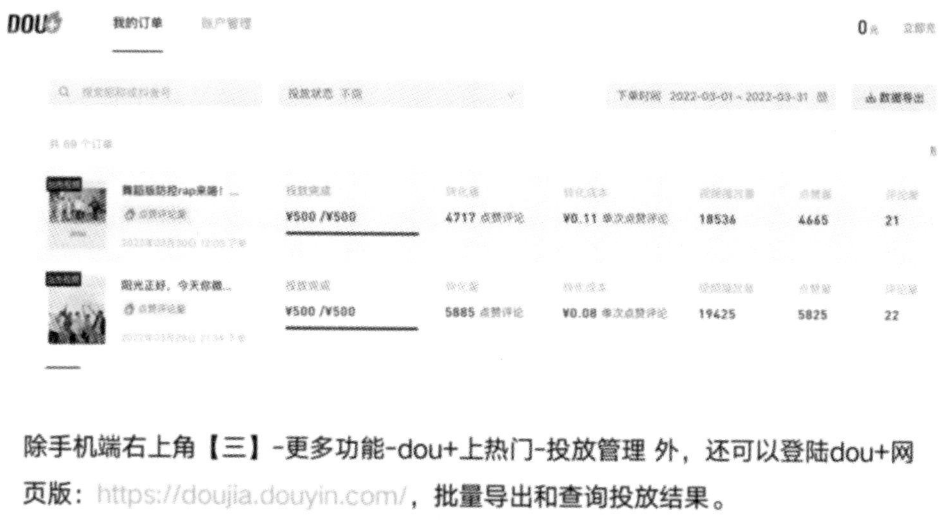
DOU
我的订单
0
¥500 /¥500
4717
¥0.11
18536
4665
21
¥500 /¥500
5885
¥0.08
19425
5825
22
除手机端右上角【三】-更多功能-dou+上热门-投放管理 外，还可以登陆dou+网页版：https://doujia.douyin.com/，批量导出和查询投放结果。

图 6-21　投放 DOU+

三、DOU+投放常见误区

（一）过分依赖 DOU+效果

DOU+只能起到助推、锦上添花的作用，视频能不能爆，关键还是内容本身，如果内容不行，投再多的 DOU+也白搭。

（二）忽略视频内容质量

一定要确保视频质量优良，在 7 秒以上，没有任何违规因素，才能进行 DOU+投放，如果视频有违规的话，是无法通过审核的。

(三)错过 DOU+投放最佳时间

需要注意的是，DOU+要在视频发布初期投放，越往后，效果越不明显。

任务评价

根据表 6-4 的内容，进行自检。

表 6-4 DOU+投放自测表

鉴定点	学生特色	分值	学生填写
DOU+投放	了解 DOU+的含义，掌握投放的时机	20	
	掌握 DOU+投放的要点及技巧	60	
	能够避开 DOU+投放的误区，合理进行 DOU+投放	20	

知识链接

1. 新手账号 DOU+投放策略。
2. 自然流量与付费流量分析。

Project Seven

项目七　短视频变现运营

课程思政

虽说短视频是现在最大的风口，站在风口上的猪都会飞。但实际上变现并没有想象的那么容易，平台有很多的规则需要了解学习。与此同时，同学们也要理性地对待变现，因为利益诱惑面前也有很多的陷阱，要学会甄别。做事情从小做起，不好大喜功，最初创业之时要踏踏实实，等到真正时机成熟了大量投入才有胜算。

任务一　商品分享

任务目标

1. 了解商品分享的主要形式。
2. 掌握商品橱窗功能开通的流程和步骤。
3. 掌握商品添加的方法。
4. 掌握选品技巧。

任务描述

商品分享是抖音短视频重要的变现方式之一，自从抖音在 2018 年上线橱窗功能，就出现了一大批靠着短视频进行橱窗带货的账号，在视频中加上商品橱窗链接就可以直接变现。有时候一个视频的收益可以达到几万、几十万。商品分享的主要形式分别是短视频和直播带货，要做好商品分享，实现经济收益，需要掌握商品分享技巧、选品技巧等技能。

任务分析

在本任务的学习和操作过程中，要了解商品分享功能、商品分享短视频运营及直播运营策略等相关知识，明确商品分享功能开通的条件和步骤，根据账号的特点进行选品，并通过运营短视频和直播来分享商品。

任务实施

商品分享功能是指短视频内容创作者在自己的主页视频以及直播中分享商品的，开通商品分享功能后，内容创作者账号的主页会增加【商品橱窗】入口，并可以在商品橱窗中添加要分享的商品，如图 7-1 所示。

图 7-1 @大洪洪文化的主页和商品橱窗页面

一、开通商品分享功能

1.要开通商品分享功能，必须具备一定的条件：

(1)抖音短视频账号的粉丝数必须大于或者等于 1000 名。

(2)主页视频数量至少在 10 条以上。

(3)该账号通过实名认证。

需要注意的是：1 张身份证只能认证 1 个抖音号，除非注销账号，否则身份证不能释放，考虑清楚再做实名；账号实名后，银行卡信息必须与主体人一致；不可使用未成年人身份证进行实名。

(4)认证费用：500 元创作者保证金(可退)。

2.在抖音短视频中开通商品分享功能的具体操作步骤如下：

步骤 1：点击【我】选项卡，在打开的界面中点击【设置】，如图 7-2 所示。

步骤 2:在打开的界面中选择【创作者服务中心】选项,如图 7-3 所示。

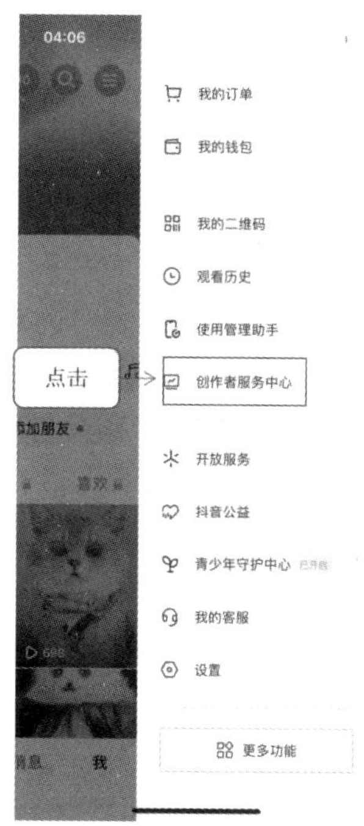

图 7-2　点击【我】按钮　　　　图 7-3　点开【创作者服务中心】

步骤 3:在打开的功能列表界面中点击【商品橱窗】按钮,如图 7-4 所示。

步骤 4:在满足条件的情况下,按照要求实名认证,交保证金,完成橱窗开通功能。如图 7-5 所示。

图 7-4　点击【商品橱窗】　　　　图 7-5　开通商品橱窗

二、添加商品

开通商品分享功能之后,可以在商品橱窗、短视频和直播中添加商品。

(一)在商品橱窗中添加商品

在商品窗中添加商品类似于开通电商平台网店,在选品广场把商品增加进来就可以,具体的操作步骤如下:

步骤 1:打开短视频账号界面,点击【我】选项卡,在打开的界面中点击【商品橱窗】,如图 7-6、图 7-7 所示。

图 7-6 打开短视频账号界面

图 7-7 点击【商品橱窗】按钮

步骤 2:在【商品橱窗】界面中选择【选品广场】选项,如图 7-8 所示。

步骤 3:打开【我的橱窗】,选择需要添加到商品橱窗中的商品,点击商品右侧的【添加】按钮,把商品添加到自己的橱窗中,如图 7-9 所示。

步骤 4:点开【橱窗管理】界面,可以看到已经添加到橱窗中的各种商品,点击【编辑商品】按钮,进入编辑商品页面,如图 7-10、图 7-11 所示。

步骤 5:在【编辑商品】页面,【商品橱窗推荐语】栏中输入商品信息,在 20 个字以内;在【直播间推广卖点】栏中输入商品推广卖点,最后,点击【确定】按钮,完成商品的编辑,如图 7-12 所示。

图 7-8　点击【选品广场】按钮

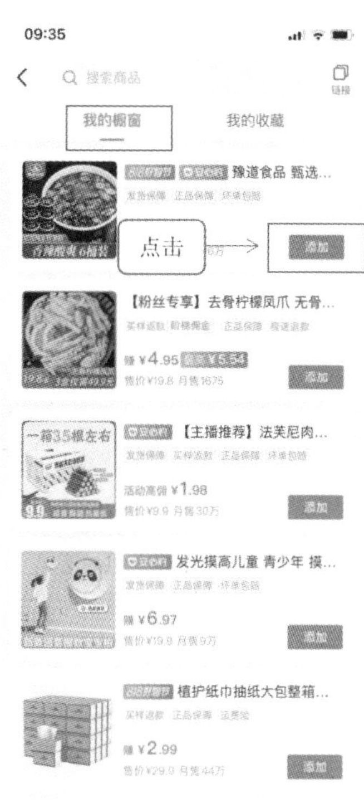

图 7-9　点击【添加】按钮

图 7-10　点击【橱窗管理】

图 7-11　点击【编辑】图标

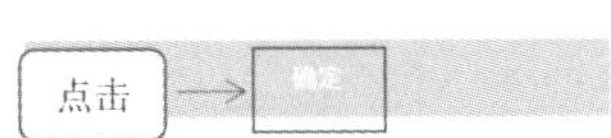

图 7-12　点击【确定】按钮

(二)在短视频中添加商品

在短视频中添加商品的方法,其具体操作步骤如下:

步骤 1:发布短视频之前,在发布界面选择【添加商品】选项,如图 7-13 所示。

步骤 2:进入【我的橱窗】界面,选择需要添加的商品,点击商品右侧【添加】按钮,点开【下一步】,进入【编辑推广信息】界面,如图 7-14 所示。

图 7-13　点击【添加商品】　　图 7-14　点击【下一步】按钮

步骤3:在【推广标题】栏中输入商品推广标题,该标题要在10个字以内,点击【确定】按钮,如图7-15所示。

步骤4:在短视频发布界面,点击【发布】,完成短视频中添加商品,如图7-16所示。

图7-15　编辑商品推广标题　　　图7-16　点击【发布】按钮

(三)在直播间添加商品

在抖音直播中也可以添加商品,具体的操作步骤如下:

步骤1:进入抖音短视频主界面,点击【+】,进入拍摄视频的界面,点击右下角【开直播】按钮,进入视频直播界面,如图7-17所示。

步骤2:点击【购物车】按钮,进入【添加直播商品】添加界面,如图7-18所示。

步骤4:选择需要添加到直播中的商品,点击右下角【确认添加】按钮,如图7-19所示。

步骤5:点击【设置】按钮,对直播商品进行设置,如图7-20所示。

步骤6:弹出【直播商品】对话框,选择要讲解的商品,点击【讲解】按钮,把该商品添加到视频中进行讲解,如图7-21所示。

步骤7:讲解完商品之后,在【直播商品】对话框中点击该商品对应的【取消讲解】按钮,可取消该商品的讲解,如图7-22所示。

图 7-17　开始视频直播

图 7-18　点击【购物车】图标

图 7-19　点击【确认添加】按钮

图 7-20　设置商品信息

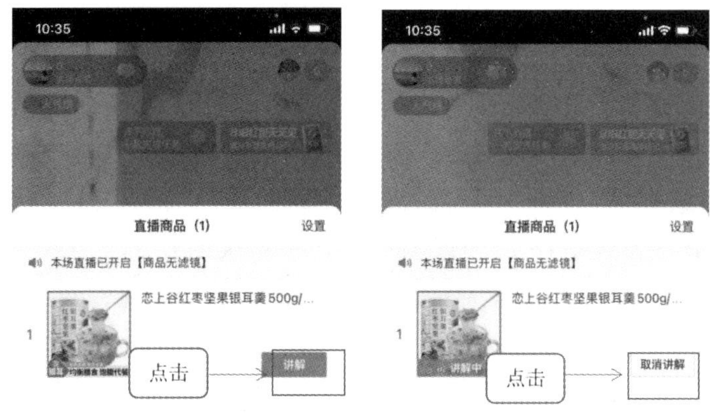

图 7-21　讲解商品　　　　图 7-22　取消商品讲解

三、选品技巧

随着短视频的崛起，购物的方式也发生很多变化，对于运营店铺的商家来说，如果还是按照以前按部就班的方式去运营店铺，将很难做起来。

电商营销的渠道多样，以短视频为例，通过短视频带货是目前的主流方式，但短视频带货的难点主要在于选品，对于一些刚进入短视频领域的新手来说，选品更是重中之重。新手选品常见问题：选错品、佣金少、样品乱、内容素材准备不全、内容完整度低、链接评分低。

（一）打造选品流程

第一步，确定方向。从系统推荐的同行视频带货产品中选择适合的商品。从选品广场的精选联盟中，选择系统推荐默认框中的产品和同行视频中热卖的商品。

第二步，选择渠道。自有供应链，第三方电商平台，品牌项目合作。

第三步，明确商品细节。点开商品详情页，了解清楚商品的具体情况，通过商品评价，了解客户对商品的评价情况。通过近 30 天的推广数据信息，了解该商品数据要点，预测未来的推广情况。查看商品相关视频，了解不同视频内容对商品的描述和讲解，分析总结商品的卖点，明确视频创作思路。

第四步，免费申请样品。在选择商品之后，一定要自己先去尝试。只有自己真正使用过，才知道产品到底是什么样的，也才更加清楚怎么和粉丝进行介绍，所传递的内容也才会有信服力，才有更高的成交率。要选择质量好的产品，以及好的品牌方。

第五步，验收样品。收到商家寄送的样品，检查商品包裹外包装是否损坏，然后打开检查包裹里面商品是否齐全，检查商品质量和卖点是否相符。

第六步，拍摄剪辑视频。检查样品和商家描述一致后，可以开始布景拍摄视频，剪辑制作视频作品，并发布作品。

第七步，分析优化商品。商品体验分变成“低”，考虑更换商品；卖点提炼展示不准确，近 30 天推广数据曲线呈下降趋势，说明产品热卖期已经过去，这时应该重新选择商品。

（二）选品逻辑

（1）高性价比。高性价比不等同于低价，用户追求的是高性价比的产品，而不仅仅是低价的产品。不是要让用户买便宜，而是让用户感觉占到便宜。

短视频带货，属于感官刺激下的冲动式消费。因为本来用户在抖音买产品，就是没有目的性，用户刷抖音最大的目的是获得快乐、寻求刺激、感知世界，而不是为了购物，这种情形下，如果产品因为价格原因还要让他去思考、犹豫，成交的概率非常小。

选品时注意挑选有价格锚点、相对有价格优势的商品，比如，在各大平台都能够找到的产品，而且是官方价，在平台上能够拿到全网低价，这就是一个高性价比的产品。另一种情况是，产品呈现可操作空间大，比如在同样价格里，选择数量更多、体积更大、质感看起来更优的产品。

（2）高颜值。短视频是视觉和听觉呈现的艺术，通过视觉和听觉，刺激人性的弱点，击穿人们的理性判断，促使产生购买行为。短视频卖货是图片卖货的升级版，相同品类、价格中选最好看的那个。通过不断优化视觉，提升体验，增加销量。

（3）易展示。能为观众建立“所见即所得”的预期。易展示本质就是降低展示成本，让观众的所见即所得，提高我们的转化效率。

（4）不挑人。能够覆盖大部分人需求的商品，比如一家老小都用得上的商品。不挑人的产品是为了承接直播间的泛流量，在账号还没有标签的时候，平台不清楚你需要什么样的流量，通常会推非常泛的流量，什么类型的用户都有。为了快速给账号引流，商品选择上尽量去覆盖所有的范围，尽量让所有的用户都能够和你产生互动和成交，成交量多时，平台会认为你的账号是有能力的，是用户喜欢的账号，进而给你推送更大的流量。不挑人的商品可用为福利款留人，撬动流量池。

（5）新奇特。这是用户不会主动去搜，但看到了就会被吸引的商品。短视频内容中可以展示用户熟悉的场景，给出意外解决方案，让用户产生购买欲望。新颖奇特的产品会引起人们的好奇心，现在很多人都在做新奇产品的测评，有的用户看了这些博主视频也想自己买这些产品体验一下，市场需求量较高。

（6）准爆品。处于产品生命周期较为早期的准爆品产品。

值得注意的是，在选品的时候，产品的用户人群定位要准确。只有精准定位消费者，才能做好内容电商。另外，选品的卖点要突出，在视频介绍中要说明商品的优势，强调商品的核心优势，语言尽量精炼易懂，这样才能激发用户的购买欲望。除此之外，还可以通过强调商品的优惠措施来吸引用户。

四、商品分享的直播运营策略

直播分享带货重构了传统的商业三元素——人、货和场，通过直播积累私域流量，改造商品的供应链模式，最大限度地实现了降库存，以图文和短视频的形式提供更直观的体验场景，以内容为核心，在大流量平台上获得销售量的增长。下面分别讲解直播带货的具体运营策略。

(一)人

人是指做直播的主播，也就是展现在用户面前，介绍和分享商品的主持人。主播将商品分享给用户，让用户记住该商品并使其产生购买商品的欲望。因此，直播的主播必须具备一定的表达能力、互动能力和控场能力。

充分了解商品和显示突出的人设特点

1.具备一定的语言表达能力

主播业务能力要强，要能说会道，在直播间做好商品分享。首先要充分了解商品，熟悉相应行业的发展情况，了解商品的优劣，能准确地提炼商品的核心卖点，并针对用户痛点讲解商品的优势与卖点，及时回答用户的专业疑问，为用户提供实用的解决方案。专业能力强的主播，能够获得用户的信任，并且给用户一种安全感，从而提高商品的关注度和销售量。

2.具备一定的互动能力

主播直播间需要持续和用户、粉丝互动，增加粉丝在直播间停留的时长，带领用户、粉丝完成直播间的一些互动设置，比如号召粉丝们同一时间一同领取优惠券、一起为主播打榜等，活跃直播间氛围，提升促单率，越高销售额。

3.具备一定的控场能力

主播可以通过眼神、表情、语言和肢体动作等，抓住用户视觉和听觉，影响用户的心态和情绪，把控直播现场的气氛。直播是要根据每一场的脚本流程来进行，如果有突发的情况，主播要有灵活应变的能力，特别是黑粉带节奏，主播要及时把它带回来。

优秀的主播决定了一场直播的成功与否，主播的外在形象、专业能力、控场能力、催单技巧等是一场优秀的直播相当重要的元素。同时，主播的标签很重要，主播需要有自己突出的人设特点，要让用户先喜欢上主播这个人，这样用户才有更大的可能去喜欢其分享的商品。另外，主播直播的态度也不能忽略，常具备说服力、引导能力、亲和力和让用户有信任感等基本特点的主播，在粉丝中的号召力更强，对直播商品分享会有很好的助力作用。

值得注意的是，再优秀的主播，也无法全部充当“人”这个重要角色，因为“人”还应该有助播、运营等人员，如果说主播是电商直播的核心，那么助播就是电商直播的关键。因为助播需要负责调控直播气氛，把控场内节奏，通过多种互动方式提高直播活跃度，在主播跑题时，及时提醒主播转回正题。其他人员，例如运营、场控、灯光师等，虽然没有出现在镜头前，但正是因为这些人的默默付出，观众才会观看到一场井然有序的直播。

主播、助播、运营等台前幕后人员完美配合，才能做到精准切入购买人群，从而完成一场成功的直播。

(二)货

直播中，货就是指需要卖出的商品。商品本身的质量和用途是用户购买的关键，所以商品既是直播的主要对象，也是影响运营的核心要素。在直播运营中，针对商品本身的策略主要有三点：品质、价格和时间点。

1.品质

想要有好看的销售数据，品质是前提。用户在直播间产生的购买，很多时候都是冲动消费，如果商品的品质不好，出现退货的概率会很大。选择商品的时候，通常还需要考虑账号的粉丝群体或者目标用户群体具有的特征，例如，年龄、性格和所在地域等方面的特征，根据这些具体特征有针对性地选择商品。观看每一场直播数据，快速调整下一场的商品，例如，选择一些爆款商品作为直播分享的主力商品，也可以选一些想要推荐的新品作为辅助，再选择一些清仓折扣款作为走量商品，确保能满足用户的购物需求。

2.价格

商品分享的直播最常使用的策略是低价策略，至少对比其他同类商品更有价格优势。直播过程中，主播还可以通过价格对比展示其商品的价格优势，这样才会更长久地吸引用户观看直播。但是商家也不要盲目低价销售，因为这里的低价指的是在质量相同的前提下拿到最低价格。

3.时间点

把握商品销售的季节性、阶段性，巧妙组合各属性商品，在直播卖货中拔得头筹。

（三）场

直播时的场是指线上的直播间，直播间的环境是用户第一眼的观感体验，用户进入每个直播间里面，感受的氛围和气场都是不一样的，美好的场景可以提升转化率。直播间的场景分为很多种，要根据现有条件来安排，比较常见的是室内专门布置的直播间，这种场景不需要特别大的空间，但需要精心布置。例如，要有干净整洁的背景、明亮的光线等，这样的直播间才会带给观看直播的用户舒适的感觉，也更容易留住用户。但根据卖货需求，直播间的场景也可以是工厂车间、户外农场、实体门店等，示例如图 7-23 所示。这些场景可以根据商品来源和主播的身份来决定。

图 7-23　直播间场景示例

总体来说，直播间的搭建一定要符合产品调性。通过氛围布置和营造，取悦消费者，给消费者优质的观感体验。

任务评价(见表 7-1)

表 7-1　商品分享任务评价

鉴定点	学生特色	学生填写	分值	学生得分
知识点	账号是否满足开通商品分享的条件。		10	
	账号定位细分市场，选择产品类型。		20	
	短视频运营的注意点有哪些？		10	
技能点	是否能完成橱窗开通？		20	
	短视频和直播运营团队的建立如何？		20	
	短视频风格和创意点在哪里？一周更新几条视频？		20	

任务二　广告变现

任务目标

1. 了解广告变现的方式和平台。
2. 掌握星图平台入驻步骤。
3. 学会设置任务报价。

任务描述

广告变现是指内容创作者通过创作视频内容的方式，为需要进行品牌推广的客户提供相关服务，以获取广告服务收益。抖音短视频平台中的内容创作者可以通过星图平台实现广告变现。内容创作者可以通过入驻星图平台，接受品牌客户发布的广告任务，设置任务报价，获得相应的酬劳。

任务分析

内容创作者在抖音平台通过星图平台实现广告变现，需要了解星图平台的入驻规则和方式，明确接广告和任务的条件和方法，设置合理的报价，完成制定的视频和直播任务，实现收益。

任务实施

星图平台是抖音的官方推广任务接单平台，平台集智能交易与管理为一体，可实现订单交易、达人管理、项目分析、任务报价、数据服务等功能，主要是为品牌主、MCN 公司和明星/达人提供广告任务撮合服务,并从中收取分成或附加费用,在官方平台保障的基础上,保障交易流程的高效与安全,实现内容交易过程中各方的对接与沟通,构建健康、可持续的抖音短视频营销内容生态。

星图平台会根据近期抖音爆火的视频主题和达人进行智能定位,提供达人资料及粉丝数据,并智能整合各类达人所擅长的拍摄短视频的类别,方便客户根据需求更快选择代言人。

一、星图平台的入驻流程

内容创作者可以通过客户、达人/创造者和 MCN 机构三种方式入驻星图平台。

下面以与抖音短视频官方签约的方式入驻星图平台为例,介绍星图平台的入驻流程,其具体操作步骤如下。

步骤 1:在计算机中启动浏览器,在网页地址栏中输入星图平台的网站地址,按 Enter 键。进入星图平台的官方网页,单击【登录】按钮,如图 7-24 所示。

图 7-24 进入星图平台的官方网站

步骤 2:打开【选择您的登录身份】页面,选择一个身份进行登录,这里单击【我是抖音达人】选项,如图 7-25 所示。

图 7-25 选择登录身份

步骤 3:打开使用抖音 App 扫一扫,进入巨量星图界面,如图 7-26 所示。

图 7-26　打开手机扫描二维码

步骤 4:绑定媒体账号,如图 7-27 所示。

图 7-27　绑定媒体账号

步骤 5:打开【服务管理】—【抖音服务管理】页面,在需要开通任务的下方单击【去验证】按钮,然后在打开的页面中仔细阅读星图平台的服务协议。阅读完成后,选中【我已阅读并同意相关服务条款】复选框,单击【同意协议】按钮,如图 7-28 所示。

图 7-28　开通任务

步骤 6：开通任务后，就需要对任务进行报价设置，这里在管理页面中选择一个任务，单击任务中的【申请开通】按钮，如图 7-29 所示。

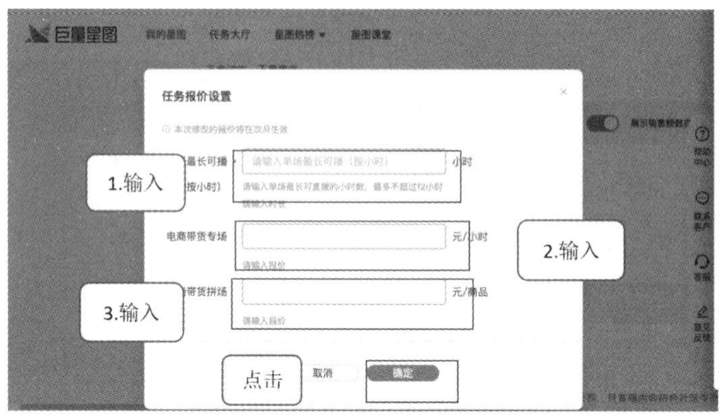

图 7-29　设置任务报价

步骤 7：提现设置，点击星图页面右上角账号名称右侧，进入【财务管理】页面，点击【提现设置】。如图 7-30 所示。

图 7-30　提现设置

步骤 8：打开【绑定提现账号】对话框，按照【手机号绑定】—【个人实名认证】—【绑定提现账号】3 个步骤去设置绑定支付宝或银行卡账号，单击【完成】按钮，完成提现设置，如图 7-31 所示。

图 7-31　绑定提现账号

任务评价(见表 7-2)

表 7-2　广告变现任务评价

鉴定点	学生特色	学生填写	分值	学生得分
知识点	设置账号标签,和达人匹配		20	
	坚持内容创作,精准定位		20	
	各项指标数据分析		20	
技能点	是否有合理报价？同类型达人的报价如何？		20	
	多渠道、多维度增加账号曝光量		20	

任务三　打赏变现

任务目标

1. 了解打赏变现数据。
2. 掌握打赏收益提现方法。
3. 掌握增加打赏的技巧。

任务描述

直播打赏变现是目前很常见的一种直播变现方式,很多直播平台和主播都是以用户打赏为重要的收入来源。主播通过开通直播,在直播间和粉丝互动,给粉丝提供价值,引导粉丝充值购买礼物并赠送给主播,从而获得收益。

任务分析

主播需要定期开直播,在直播间引导用户使用该直播平台中流通的虚拟货币购买虚拟礼物送给主播,平台将礼物转化成虚拟币,并按照相应比例兑换成现实的货币,由此实现变现。主播需要掌握一些增加打赏的技巧运用到直播中,加强和用户、粉丝的互动,获得更多的打赏收益。

任务实施

在抖音平台直播中,用户和粉丝可以在平台上用现实货币充值兑换抖币,然后用抖币购买虚拟礼物并送给主播,主播则会收获相应的音浪,然后在抖音短视频中通过音浪提现的方式获取现金收益,以此实现打赏变现。用户打赏是体现其参与直播的互动积极性，同时也是主播让用户继续打赏的动力。随着直播平台的升级和优化，礼物系统多元化，从普通礼物到豪华礼物，还有能够影响主播排名的热门礼物、VIP用户专属的守护礼物，以及当下流行的幸运礼物，以进一步刺激用户充值，提升平台收益。

一、用户打赏

用户打赏，音浪是最基础的直播变现方式，是主播获得经济收益的主要来源之一，其提现比例是20∶1。夸张的礼物效果和主播口播感谢能够使观众获得满足感，从而引导其继续消费。多项数据表明，才艺类主播的场均音浪最高。普通用户要对主播进行打赏，需要按照以下几个步骤进行操作：

步骤1：进入主播的直播间，点击右下角的【礼物】按钮，如图7-32所示。

步骤2：弹出礼物列表页面，点击右下角的【充值】按钮，如图7-33所示。

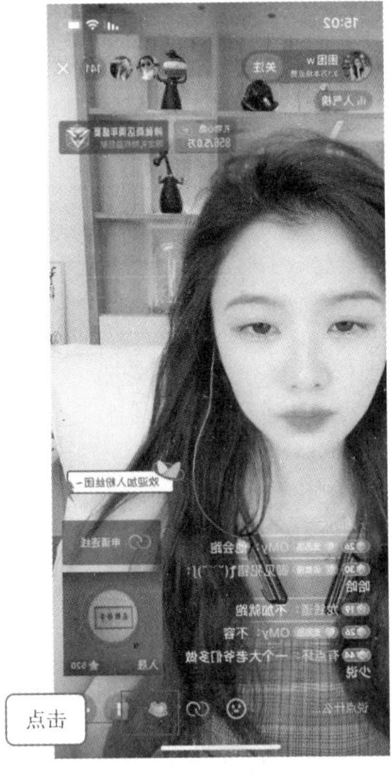

图 7-32 进入直播间

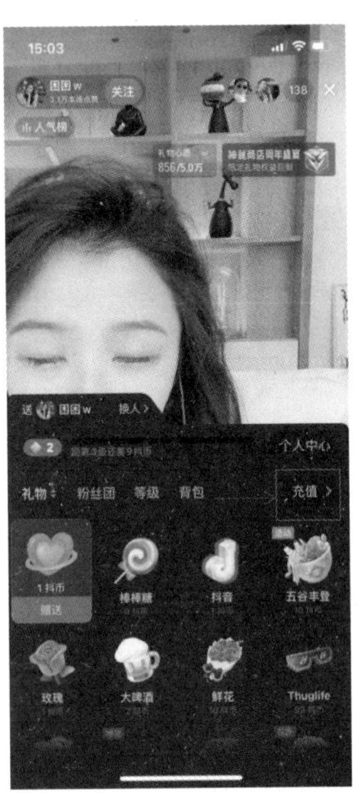

图 7-33 开始充值

步骤3：弹出充值页面，可以看到相应的充值兑换选项，选择某个选项，如图7-34所示。

步骤4：根据页面提供的付款方式进行付款，充值完成后即可在礼物列表页面购买该充值价值范围内的礼物，购买礼物后即可给主播打赏，如图7-35所示。

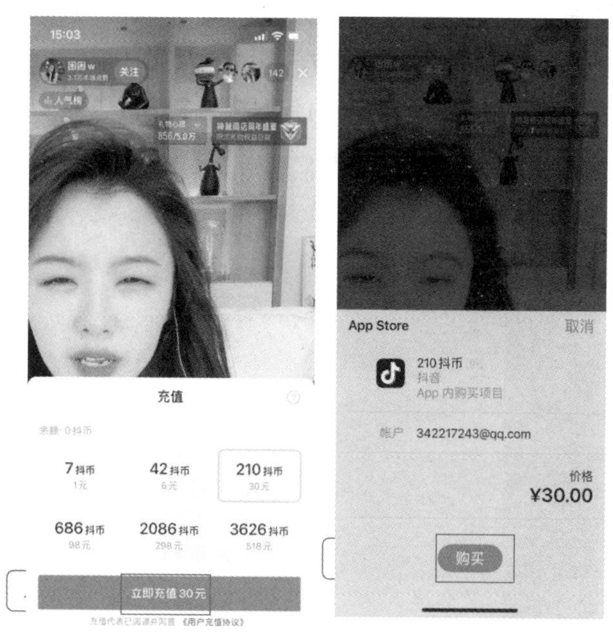

图 7-34　选择充值项　　　　图 7-35　充值付款

二、主播查看打赏

主播在收到用户打赏后，该礼物即转化为音浪保存在主播的账号中，换算比例通常为1个抖币=1个音浪。主播可以查看本场直播的打赏榜单，也可以查看7天和30天的累计打赏收益，如图7-36所示。

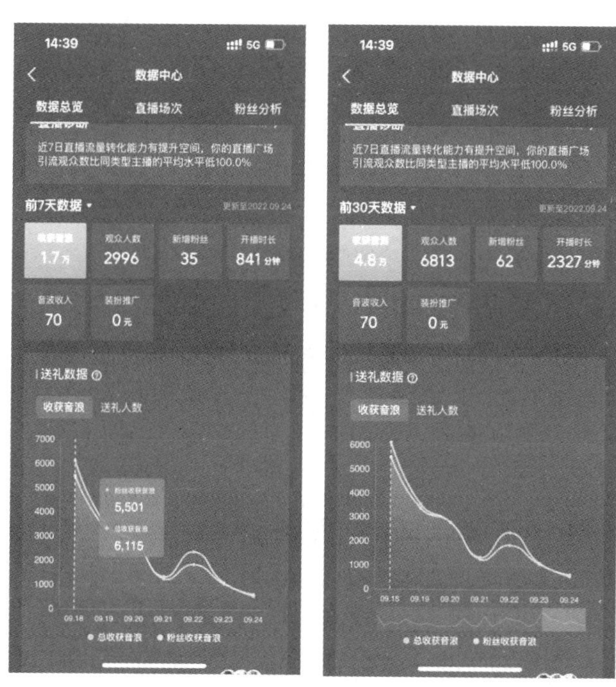

图 7-36　查看主播打赏收益

三、打赏收益提现

在抖音短视频主界面中点击右下角的【我】选项卡，进入个人账号界面，点击左上角的【设置】按钮，弹出设置菜单界面，选择【我的钱包】，在【我的收入】栏的【直播/创造收入随时可提现】选项中点击【提现】按钮，如图 7-37 所示，即可实现收益提现。

图 7-37　打赏收益提现

四、增加打赏

在直播这个领域，打赏不仅决定着主播的经济状况，还决定了主播名气大小，任何平台上主播的等级都是由其累计收入所决定，收入是地位的象征。主播还需要掌握一些增加打赏的技巧，将其应用于直播之中，加强与用户的互动，以增强用户的黏性，并获得更多的打赏收益。

(一)营造直播间人气氛围

用户刚进直播间，主要是看直播间的气氛。主播与粉丝互动，尤其是跟一群粉丝互动的时候，直播间的气氛最好，所以主播应带动粉丝在公屏上打字，营造热闹的气氛。氛围越好，用户越是想表达自己，也是想引起主播或者其他粉丝的关注，也就有了刷礼物的冲动。

(二)和其他主播连麦 PK

连麦 PK 是和其他主播互动，既能丰富直播内容，又能增加曝光，PK 的输赢由打赏决定，激发粉丝守护捍卫主播尊严的心理。

(三)增强仪式感

在主播生日或直播周年纪念日等时间节点，可以和粉丝共同参与特殊活动，增强粉丝的凝聚力。

(四)持续创新才艺

在固定的开播时间、稳定的直播风格之外,可以适当给粉丝们带来一些不同往常的小才艺、小惊喜,让用户体会不一样的直播内容,增加新鲜感。不一定是非常完美的表演,只要能让粉丝感受到你对他们的在乎,你愿意为他们作出改变,粉丝就会愿意为你的付出买单。

(五)积极回应用户的礼物

主播对平台礼物的价值要牢记于心,对于送礼的粉丝,一定要给予足够的关注,除了自己第一时间表示感谢之外,还要鼓动其余粉丝进行感谢,给送礼粉丝足够多的关注。

(六)持续开播

和粉丝建立稳定长久的关系,做好直播内容,多开播,让粉丝知道你一直都在。

任务评价(见表 7-3)

表 7-3　打赏变现任务评价

鉴定点	学生特色	学生填写	分值	学生得分
知识点	直播过程中如何调整心态?		10	
	主播的定位是什么?直播的风格是怎么样的?		10	
	分析用户打赏的理由,熟记各种礼物的价值		20	
技能点	主播主要技能是什么?技能更新的间隔是多久?		30	
	是否经常连麦其他主播?		20	
	一周直播几次?直播的频率和时长能否固定?		10